나는
프랑스
교육으로
아이를
키우기로
결정했다

나는 프랑스 교육으로 아이를 키우기로 결정했다
아빠와 마을이 함께 하는 육아법

초 판 1쇄 2024년 04월 16일

지은이 김병수
펴낸이 류종렬

펴낸곳 미다스북스
본부장 임종익
편집장 이다경
책임진행 김가영, 윤가희, 이예나, 안채원, 김요섭, 임인영, 권유정

등록 2001년 3월 21일 제2001-000040호
주소 서울시 마포구 양화로 133 서교타워 711호
전화 02) 322-7802~3
팩스 02) 6007-1845
블로그 http://blog.naver.com/midasbooks
전자주소 midasbooks@hanmail.net
페이스북 https://www.facebook.com/midasbooks425
인스타그램 https://www.instagram/midasbooks

ⓒ 김병수, 미다스북스 2024, *Printed in Korea*.

ISBN 979-11-6910-600-9 03370

값 18,500원

아빠와 마을이
함께 하는 육아법

나는
프랑스
교육으로
아이를
키우기로
결정했다

조매꾸 꿈런쌤 김병수 지음

미다스북스

저는 프랑스 공립 국제중학교에서 해외 파견 교사로 근무하였으며, 덕분에 가족들과 함께 프랑스에서 3년을 살았습니다. 첫째는 초3, 둘째는 초1부터 프랑스에서 생활했습니다. 그런데, 실제 프랑스에서 살아가다 보니 한국과 너무도 다른 양육 방식을 마주하게 되었습니다.

다름은 틀림이 아니다

자녀를 양육하는 데 어떤 방법이 좋고 또 어떤 게 최선인지 과연 정답이 있을까요? 그 누구도 정답이 있다고 단언하기 힘들 겁니다. 다만 프랑스에서 보냈던 삶 속에서 좋다고 생각되는 부분들이 있었고, 전 한국에 와서도 그 부분을 적용하고 싶었습니다. 그리고 나아가 프랑스에서 가족의 소중함을 더욱 깨닫게 되었습니다.

여러분은 주변에서 어떤 질문을 많이 받으시나요?
저는 그동안 이런 질문을 많이 받았습니다.

"프랑스에서는 아이들을 어떻게 키워?"
"아빠 모임은 도대체 뭐 하는 곳이야? 그리고 왜 만든 거야?"

사람들의 물음, 이런 질문들에 대해 궁금해할 수 있는 또 다른 독자들을 위해 이 책은 기획되었습니다.

세상에서 가장 중요한 건 언제나 함께 생활하는 가족이었습니다. 가끔 그걸 잊어버릴 때도 있지만 역시나 잊지 말아야 할 것은 삶의 중심에 자리한 가족입니다.

얼마 전 세계 각국의 사람들은 무얼 가장 소중하게 생각하는지, 핵심 가치 조사를 한 것에 대한 결과를 본 적이 있습니다. 대부분의 나라가 가족이 1위였던 반면, 한국은 1위가 돈, 2위가 건강, 3위가 가족이었습니다. 왜 한국은 가족이 1위가 아닌 돈이 1위로 뽑혔을까요?

한국에 있을 때도 물론 가족의 소중함을 알고는 있었지만, 유럽에서 생활하며 그들의 가족 중심적인 모습을 보면서 더욱더 가족의 소중함을 깨닫게 되었습니다.

가족의 소중함을 더 깊이 깨닫고 한국으로 복귀한 후, 제가 아빠의 역할을 인생 처음으로 경험하고 있다는 사실을 더 깊이 알게 되었습니다. 그러다 아빠의 역할을 하며 후회를 줄일 수 있는 방법을 고민하게 되었고, 아빠가 주도하는 마을 모임인 '아빠 모임'을 만들게 되었습니다.

같은 시대를 살아가며 아이를 키우는 아빠들의 공통점에는 무엇이 있을까요? 아빠로서의 인생을 처음 경험하다 보니, 다들 자녀에게 애정과 사랑을 주고 싶고, 또 자녀가 행복한 길로 갈 수 있게 도움을 주고 싶은 마음뿐입니다. 그런데 한국에 복귀했을 때, 가정 교육의 중심엔 부부가 아닌 엄마 주도의 교육이 팽배해있는 것을 발견했습니다. 저는 자녀 교육에 있어서 아빠가 중심이 되며 공동 육아 및 교육을 하는 자발적인 모임을 만들고 싶었습니다.

그렇게 만든 아빠 모임에서 저는 너무도 멋진, 선한 영향력을 행사하는 따뜻한 아빠들을 만났습니다. 또 서로 교류하며 자녀의 경험을 최대치로 가져갈 수 있게 됐고 여러 경험을 나눌 수 있었습니다. 제가 아빠 모임을 만든 이유는 아빠들끼리 자유롭게 자녀의 양육 이야기, 진로 이야기, 아이들의 교육 이야기를 서로 주고받는 대화의 장을 만들고 싶었기 때문입니다.

다른 삶, 다른 육아 방식, 다른 교육관. 하지만 마음만은 모두 다 이어져 있었습니다. 자녀를 사랑하고 아끼는 마음, 자녀가 잘되기를 바라는 마음 말입니다. 내 자녀뿐 아니라 타인의 자녀까지 보듬어줄 수 있는 따뜻한 마음이 우리에게 있었습니다. 변화하는 세계 속에서 아이들의 미래와 진로, 직업에 대한 고민이라는 공통된 분모를 갖고 우리는 모였습니다.

이 책은 프랑스에서 직접 느꼈던 프랑스 교육법에 대한 소개, 그리고 아빠 모임이 주는 즐거움과 효과에 대해서 말합니다.

매일 매일 고민하게 됩니다. 어떻게 살아야 할까! 어떻게 아이를 키워야 할까! 인생에서 처음 경험하는 부모라는 역할, 부모가 기준과 방향을 제대로 정하지 않으면 아이는 혼란스럽고 삐뚤어진 길로 향할 수 있습니다. 자녀를 대하는 부모의 태도, 세계를 바라보는 부모의 가치관과 언행은 자녀에게 가장 큰 영향을 줍니다. 가장 많은 시간을 자녀와 함께하는 부모의 역할은 그래서 그 무엇보다 중요합니다.

나쁜 아빠는 되지 말자, 적어도 아이들의 성장 과정에

서 아빠로서 해야 할 역할과 책임을 저버리지 말자, 다짐합니다. 아이들을 올바른 사회 구성원으로 성장시킬 수 있도록, 아이들의 행복한 미래를 위해서 고민하는 '조매꾸'(조금씩 매일 꾸준히), '꿈런쌤'(꿈꾸고 달리며 배우는 쌤)의 아빠 이야기, 지금부터 시작합니다. 조매꾸 키즈 프로젝트입니다.

차 례

2부 행복한 인재로 키우기 위한 아빠 교육법

3부 내 자녀에게 무한 경험을 가져다주는 아빠 모임

4부 체험 학습으로 크는 아이, 아빠 육아 필살기 12가지

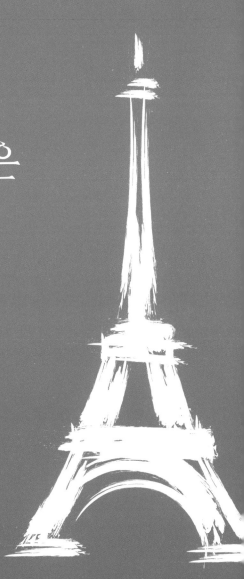

1부

프랑스
자녀
교육법은
한국과
다르다

1.
한국과 다른 프랑스 교육 시스템

한국과 프랑스 아이들은 정말 다르게 생활합니다. 프랑스 학교에 근무하는 동안, 한국 학생들과 프랑스 학생들, 서로 비슷한 또래임에도 전혀 다른 생활 환경과 철학으로 인해 삶의 방식과 태도에 많은 차이가 있다는 것을 발견할 수 있었습니다. 아이를 둘러싸고 있는 환경과 사상들, 아이를 어떤 환경으로 감싸고 싶으신가요?

'맹모삼천지교'라는 말처럼 아이를 둘러싼 환경은 아주 중요합니다. 그렇기에 부모는 아이를 어떤 환경에서 키울지 고민해야 합니다. 저 역시 아이가 보고 듣고 느끼는 환경 구성이 얼마나 중요한지를 매번 깨닫게 됩니다.

특히 교육을 하는 교사의 입장에서 다양한 지역에서 근무를 해보니 지역마다 참으로 다른 교실 분위기를 보며, 전체적인 학교 분위기가 아이에게 얼마나 큰 영향을 끼치는지 뼈저리게 느끼게 됩니다. 같은 나라 안에서도 이렇게 차이가 큰데 나라와 나라 사이에는 얼마나 많은 차이가 있을까요?

새로운 환경으로의 초대,
프랑스로 여러분을 초대합니다

사교육이란 개념이 없는 프랑스. 수요일 오후에는 수업이 없는 학교도 많으며, 심지어는 수요일 오전부터 수업이 없는 학교도 있습니다. 프랑스와 한국 교육의 가장 큰 차이는 사교육입니다. 그리고 이것은 가정 경제까지 연결이 됩니다. 한국의 부모님들이 가장 부담스러워하는 것 중 하나는 사교육비이고, 이 때문에 안타깝게도 한국 사회는 점점 경제력의 차이가 교육 격차로까지 이어지는 상황입니다.

공교육과 사교육의 비중, 여러분은 자녀에게 어떤 공교육 그리고 또 어떤 사교육을 시키고 싶으신가요? 보통 자녀 또는 부부끼리 사교육으로 인해 갈등을 겪는 경우를 참 많이 봐왔습니다. 부모 모두 자녀를 위하는 마음은 같지만, 교육에 대한 가치관이 다르기 때문에 발생하는 갈등 상황이 종종 생깁니다.

그런데 프랑스는 학원이 없었습니다. 쉽게 말해 방과 후에 따로 영어나 수학, 국어, 과학을 집중적으로 수업하는 학원이 없었습니다. 이게 프랑스와 한국 교육의 가장 큰 차이라고 말할 수 있습니다. 한국 아이들은 아주 어릴 적부터 사교육을 받고 중학교, 고등학교에서는 사교육 비중이 점점 높아집니다. 그리고 그것들은 대부분 입시 위주의 학원들입니다.

학원이 없는 세상, 상상해 보셨나요? 저는 정말 깜짝 놀라지 않을 수 없었습니다. 프랑스는 사교육 없는 세상이었기 때문입니다. 프랑스 아이들은 드넓은 자연에서 산책을 즐기고, 다양한 액티비티를 통해 하루를 보내는 것이 일상이었습니다.

사교육의 유무뿐만 아니라 교육의 방향성도 중요했습니다. 아이들은 어떻게 자라야 할까요? 학원이 없는 프랑스 시스템을 보며 공부는 어떻게 해야 하는지, 교육의 방향성에 대해 다시 한번 생각해 보게 되었습니다. 프랑스 아이들은 원해서 공부하는 걸 목격했기 때문입니다. 프랑스 학교에도 한국처럼 방과 후 수업이 있었습니다. 중요한 점은 학습의 기본적인 태도에 차이가 있었습니다. 프랑스는 철저히 자기 주도적으로, 본인이 원해서 선택하는 수업을 진행했습니다. 무엇이든 주체적인 본인 선택이 강조되었습니다. 남들이 많이 다니는 것, 남들의 잣대가 아닌 본인의 가치관과 관심사, 본인의 선택이 중요했습니다. 배우고 싶은 것을 공부하는 것, 자기 주도 학습의 뿌리를 볼 수 있었습니다.

　프랑스에서 놀랐던 점 중 하나는 아이들이 학교를 마치면 승마나 축구, 악기를 배우러 간다는 것입니다. 한국 아이들과 같은 나이지만 전혀 다른 삶을 살고 있었습니다. 너무나도 충격적인 모습이었습니다. 한국 아이들은 학교 수행평가 숙제에, 또 학원 숙제로 버거운 하루들을 힘겹게 버텨내는 모습을 많이 봅니다.

　내 공부, 학원 공부, 학교 공부, 이 세 가지를 적절하게 병행해야 하는데, 한국에서는 보통 이 세 가지 중 학원 공부에 치중하는 경우를 많이 봤습니다. 세 가지를 균형 있게 공부하기란 쉬운 일이 아닙니다. 특히나 학교 공부와 학원 공부를 마치고 내 공부로 정리하는 습관이 잡힌 학생은 그리 많지 않습니다. 프랑스는 어떨까요? 프랑스에서는 학교 공부와 내 공부에 충실했습니다. 프랑스 교육의 가장 매력적인 점은 자기 주도 학습을 하기 좋은 환경이라는 것입니다.

프랑스의 공교육은 불평등을 해소하고 평등, 자유, 협동을 내세웁니다. 학원이 없다고 하니 마냥 좋은 것처럼 들릴 수도 있습니다. 하지만 한국의 생활에 익숙해져 있는 분들이라면 단점도 꽤 큽니다. 내가 도움이 필요할 때 원하는 것을 즉각적으로 도움받기가 힘들며, 또 무언가를 배우고 싶을 때 그런 여건이 마련되어 있지 않기 때문에 불편한 점도 있습니다. 부족한 것에 대해 스스로 본인이 해결해야 하는 시스템이기에 장단점이 확실히 있다는 걸 알 수 있었습니다. 반대로 한국은 부족한 것들이 있을 때 즉각적으로 그 부분에 대해서 도움을 받을 수 있는 시스템이 충분히 마련돼 있는 것이 장점입니다.

　대학의 경우는 한국과 어떻게 다를까요? 프랑스의 경우, 대학 진학률이 높지 않습니다. 그리고 프랑스의 고등학교 졸업 시험이자 대학으로 갈 수 있는 관문인 바칼로레아 합격률은 무려 90%가 넘습니다.

　한국과 프랑스 교육의 가장 큰 차이 중 하나는 바로 대입제도의 차이입니다. 이것이 한국 학생과 프랑스 학생이 다르게 사는 이유 중 하나였습니다. 초등학교, 중학교, 고등학교를 정말 다르게 생활하는 한국 아이들과 프랑스 아이들. 그 이유는 바로 아이들을 둘러싼 환경이 다르기 때문입니다. 아이들이 입시 제도의 영향을 크게 받는다는 것을 다시금 깨달을 수 있었습니다. 국가가 추구하는 교육의 방향에 따라 교육 정책이 달라지고, 이에 따라 많은 차이가 발생한다는 것을 확인할 수 있었습니다.

꼭 큰 틀에서 입시만을 바라보는 게 아니더라도, 가정에서 어떤 환경을 내 아이에게 구성해 줄 것인가? 분명 진지하게 고민해 봐야 할 사항입니다. 교육 환경을, 생활 환경을 어떻게 구성하냐가 아이의 오늘과 내일에 큰 영향을 미칩니다.

프랑스에 살면서 놀라웠던 점은 학생들이 고3인데도 불구하고 K-POP이나 축구를 하는 등의 여유를 보인다는 점이었습니다. 한국과는 사뭇 다른 모습이었죠. 그 외에도 또 다른 차이를 볼 수 있습니다. 바로 대학 졸업률입니다. 한국은 90%가 넘는 학생이 대학 졸업을 하지만 프랑스는 대학 졸업률이 46%에 그칩니다.

그만큼 대학 졸업하기가 힘들다는 겁니다. 대학 때 진짜 공부를 제대로 시작하는 프랑스지만, 반면 한국의 경우, 수학 능력 시험에 매진한 나머지 대학 1학년이 되면 대학 시절의 낭만과 여유를 한동안 느끼는 경향이 없지 않아 있습니다. 그동안 너무 수학 능력 시험에 매진했기에 대학에서 맞는 자유로움을 느끼고 싶어 하는 것이죠. 그리고 막상 공부만 하다 대학에 오니, 자기가 진짜 원하는 게 뭔지 몰라 그제야 자기 이해를 하기 시작하는 아이가 많습니다. 그러다 보니 자기가 진짜 하고 싶은 것이 무엇인지 고민하며 방황하는 학생들도 많습니다. 그동안 줄기차게 철학 없는 입시 급행열차에 탑승해서 멈추는 법, 쉬어가는 법 없이 그대로 공부에만 매진했기 때문입니다.

입시 위주의 교육이 아닌, 자신의 진정한 진로와 적성을 위한 행복 교육으로, 희망 교육으로, 진짜 자기가 하고 싶은 것들에 대한 배움의 열정으로 교육은 나아가야 합니다.

프랑스의 학제는 초등학교 5년, 중학교 4년, 고등학교 3년이고 9월에 학기가 시작되는 것도 우리나라와 다릅니다. 그러니까 한국으로 치면 6학년이 프랑스에선 중1이 되는 겁니다.

그리고 프랑스에서는 일일 최대 학습 시간을 꼭 지켜야 합니다. 휴식권을 침해해서는 안 됩니다. 중학교의 경우 졸업 시험인 '브루베' 시험을 보는데 합격률은 90% 이상입니다. 그리고 고등학교는 일반계, 기술계, 직업계 등으로 나뉘며 졸업 자격시험인 바칼로레아를 봅니다. 프랑스의 시험 중 특징은 바로 구술, 말하기 시험이 있다는 겁니다. 프랑스는 실제 언어 표현 능력을 중요하게 생각합니다. 실제 프랑스어 자격증 시험에도 말하기 시험이 포함되어 있습니다. 프랑스는 형식적인 것보다 실제적인 능력을 강조했습니다.

프랑스가 강조하는 언어 표현 능력, 글쓰기와 말하기, 그리고 역사와 철학, 인문학을 강조하는 프랑스 교육은 바칼로레아를 봐도 알 수 있습니다. 독서를 하고, 글을 쓰고, 그것을 말로 표현해내는 능력을 프랑스는 강조합니다. 자기 계발의 끝은 글쓰기와 책 쓰기라는 말이 있습니다. 글을 쓰면서 내면의 자기 자신과 대화하며 깊은 성장을 이끌어낸다는 것이죠. 그리고 고3 때 철학을 배우는 프랑스의 교육과정을 봤을 때, 프랑스가 강조하는 교육의 방향을 추측해 볼 수 있습니다. 삶을 성찰하는 자세, 바로 질문하고 생각하고 토론하는 삶의 태도를 프랑스는 강조합니다.

철학으로 하루 걷기

그럼 프랑스의 대학은 평준화라고 말할 수 있을까요? 프랑스 내 3,000개 고교 중 400여 개의 학교에서는 그랑제콜을 준비하기 위한 '프레파'를 운영합니다. 즉, 최상위권을 위한 제도가 있습니다. 프레파를 수료했다고 하더라

26   나는 프랑스 교육으로 아이를 키우기로 결정했다

도 모두 그랑제콜에 들어가는 건 아니고 합격률은 30퍼센트 선입니다. 프랑스에도 우리나라의 경쟁률 못지않은 엄청나게 치열한 준비가 필요한 그랑제콜이 존재합니다.

프랑스의 시험에서는 학생들이 보다 창의적인 생각을 논리정연하게 풀어 가야 합니다. 한국의 경우는 출제자의 정답을 정확하게 찾는 것이 가장 중요하죠. 그래서 이 점도 참 달랐습니다. 자신의 생각을 논리적으로 펼친다는 것. 프랑스는 자기 자신에 주목합니다. 출제자의 의도가 아닌, 타자가 아닌, 바로 자기 자신의 생각 말이죠.

미래의 글로벌 인재가 되려면 어떻게 해야 할까요? 내 생각을 펼치는 시험과 상대방의 의도를 빠르게 파악해야 하는 시험, 여러분은 어느 유형이 창의성 있고 주체적인 사고를 하는 미래형 인재를 키울 수 있다는 생각이 드시나요? 가끔 문학을 가르칠 때 문제를 내기 위한 문학적 해석의 문제집들을 보면 시인들은 과연 이걸 어떻게 받아들일까 하는 의문이 들 때가 많습니다. 오지선다의 한국

형 시험에서는 문제를 만들기 위해서 철저히 분석적으로 문학작품을 분석해서 아주 단편적인 사실부터 문제로 끌어냅니다. 공부하는 학생들은 그 모든 걸 외워야 하고 자신의 새로운 창의적 사고가 배제된 일반적으로 요구되는 모범 답안을 익혀야 하는 게 현실입니다. 물론 고난도 문제로 갈수록 깊은 사고력을 요하겠지만, 그 외에는 단편적인 지식의 암기를 테스트하는 부분이 많이 보입니다.

자기 자신의 삶에서 리더가 되는 길, 이것은 리더십의 기본이자 기초입니다. 한국의 시험과 프랑스 시험의 유형, 그 방향은 참으로 많은 차이가 있고 그것으로 인해 학생들의 학습법도 다름을 느낄 수 있었습니다. 프랑스에서는 수학 과목도 역시 논술형이었습니다.

그리고 프랑스에는 국제 섹션이란 제도가 있습니다. 이중언어 문화 역량을 갖춘 글로벌 인재를 양성하려는 제도입니다. 중학교에서 학생들이 3개 국어를 배우고 나아가 국제 섹션을 선택한 학생들은 또 다른 언어까지 선택할 수 있습니다. 이러한 제도를 봤을 때 프랑스는 글로벌 인재 양성을 위해 언어 정책에 많은 노력을 하고 있다는 것도 알 수 있었습니다.

그리고 프랑스와 한국의 차이 중 학원비의 차이를 말하고 싶습니다. 프랑스에 있는 승마나 스포츠, 악기 학원 등은 연회비가 한국에 비해 꽤 저렴합니다. 한국으로 따지면 두 달 정도의 학원비가 프랑스에선 6개월 또는 1년의 학원비와 비슷한 경우가 많습니다. 아이를 키우는 데 간과할 수 없는 교육비의 차이도 발견할 수 있었습니다.

한국 학생들이 힘든 이유, 한국 부모님들이 힘든 이유는 쉽게 찾을 수 있습니다. 입시 스트레스로 살아가는 학생들과 사교육비를 부담해야 하는 부모님들의 일반적 상황 때문입니다. 하지만 프랑스는 그렇지가 않았습니다.

다만, 프랑스에서는 단점도 많이 발견할 수 있었습니다. 특히 프랑스의 공립학교에는 많은 문제점이 있었습니다. 제가 근무했을 당시에 놀랐던 점이 있습니다. 학교 초입에 큰 스크린이 있는데, 그곳에는 요일별로 출근을 못 하는 과목과 선생님 명단이 나와 있었습니다. 그런데 출근을 못 하는 선생님이 자주 있었고, 그 선생님들은 한국처럼 반드시 보강수업을 해야 하는 게 아니었습니다. 학생들을 살펴보면 하루 결석생도 많았고 선생님들도 한국처럼 아이들을 잘 챙겨주는 것과는 거리가 있었습니다. 이와 같은 상황 때문에 대부분 프랑스에 있는 한국 학부모님들은 사립이나 국제학교를 선호합니다.

프랑스 학교는 한국과 또 다른 점이 있습니다. 바로 다문화 국가이기에 한 반에 정말 여러 인종이 섞여 있다는 점입니다. 학교 안에서 자연스럽게 다문화 교육, 세계시민 교육이 삶 속에서 이루어집니다. 출산율이 높은 것도 한국과 다른 점입니다. 한국도 점점 다문화 비율이 높아져 가고 있습니다. 저출산 고령화 시대에 한국 교육의 미래는 어떻게 대비해야 할까요? 한국 사회도 다문화와 세계 시민 교육에 좀 더 많은 비중을 쏟아 대비해야 합니다.

프랑스는 한국보다 방학이 많습니다. 무려 5번이나 됩니다. 방학이 시작되어도 행정실 직원분이나 교사들이 번갈아 출근을 하는 한국과는 달리, 프랑스 학교는 아무도 출근하지 않습니다. 그렇다고 월급이 안 나오는 것은 아니지만 학교는 문이 닫혀 있습니다. 그리고 프랑스는 방학이 되면 학생들이 한 달 정도 외국으로, 또는 국내 한 지역으로 장기간 캠프를 가거나, 휴양을 하거나 하는 경우가 많습니다. 이것이 한국과 또 다른 점입니다. 확실한 방학을 즐기는 것. 하지만 한국에서는 방학이 되면 학원에서 특강을 받는 게 일반적인 상황입니다.

유럽의 아이들은 그럼 방학을 어떻게 보낼까요? 어학원에 다닐 때의 일입니다. 여름 방학이 되니 다양한 나라에서 온 아이들이 어학원을 채웠습니다. 그런데 부모와 같이 오는 학생들도 있었습니다. 스페인, 독일, 포르투갈 등 다양한 나라에서 어학원을 등록하고 오전에는 어학을 배운 후, 오후에는 관광을 하는 모습을 목격했습니다. 방학 때마다 나라를 바꿔가며 그렇게 생활하는 모습을 발견했습니다. 여러 언어를 습득하는 일, 그리고 해당 나라에 한 달 살면서 그 나라를 온전히 느끼는 일, 부러운 현실이었습니다.

참으로 다르게 살아가는
우리 아이들을 목격할 수 있었습니다

프랑스는 점심시간도 약 1시간 반에서 두 시간 사이로 길었습니다. 한국 급식 시간의 풍경과는 정말 달랐습니다. 한국은 한정된 시간 동안 빠르게 급식을 먹고 다음 학년에게 자리를 비켜줘야 하는 경우가 많은데, 프랑스는 그렇지 않았습니다. 프랑스 학교 점심시간의 풍경엔 여유가 있었습니다. 제 자녀들의 경우는 점심시간에 학교에서 집으로 와서 밥을 먹고 시간을 보내다가 다시 학교에 갔습니다. 중간에 집에 올 수도 있는 자유로운 분위기였습니다.

더불어 프랑스 학교의 교사는 업무 분장이 없으며 행

정 업무를 하지 않습니다. 교무실도 없으며 수업에 집중하는 구조입니다. 내선 전화도 없기 때문에 학부모와 통화하는 건 거의 힘든 구조입니다. 만약 학부모가 어떠한 사항을 이야기하고 싶다면 장문의 메일을 보내야 합니다. 또한 프랑스 학교는 대부분 엄격해서 교사가 수업에 들어가면 학생들은 다 서 있어야 합니다. 그리고 교사가 수업 준비가 다 되었다고 앉으라고 하면 그때 앉을 수 있었습니다.

행정 업무가 없는 건 제게 큰 충격이었습니다. 업무 분장이 없는 학교에서 근무하는 것은 정말 생각지도 못한 일이었습니다. 학생뿐 아니라, 프랑스 교사의 근무 조건과 한국 교사의 근무 조건이 참으로 다름을 느낄 수 있었습니다. 심지어 프랑스 교사는 출퇴근 시간마저 자유로웠습니다.

프랑스 학교에서는 교사 대신에 행정 업무와 업무 분장을 전담해 주는 사람들이 있었습니다. 덕분에 교사는 수업을 준비하는 데에 온전히 집중할 수 있었습니다. 이를 통해 저는 교육이 발전하려면 수업 전문가인 교사, 그리고 행정 전문가, 상담 전문가 등 본질에 맞는 역할을 부여해야 한다는 생각이 강하게 들었습니다. 한국의 선생님들의 경우, 주된 역할인 수업이 아닌 업무로 인한 스트레스, 학교 폭력 상담 등에 매우 시달리고 있는 현실입니다. 쉬는 시간, 점심시간에 각종 공문 처리, 그리고 학부모 민원들까지 처리해야 합니다. 교육 전문가, 수업 전문가인 교사가 수업에 집중하는 구조를 만들고, 행정은 행정 전문가가 할 때 우리의 공교육은 더욱더 앞으로 나아갈 수 있다고 생각합니다.

이 밖에도 여러 다른 점을 발견했습니다. 한국에서는 학창 시절의 성적이 대학 진학을 위해 굉장히 중요한 부분입니다. 하지만 프랑스에서는 평생 교육으로 학생들을 전인적으로 성장시키려는 부분이 엿보였습니다. 체육 시간에도 학생들은 어릴 적부터 마라톤을 하며, 기초체력 위주의 수업을 받았습니다. 여러 방면에서 한국과 많은 차이가 보였습니다. 인간의 성장과 행복에 초점을 맞추고 있다는 생각을 했습니다.

안타깝게도 한국에서는 입시 성적이 너무나도 중요한 부분입니다. 프랑스에 있는 동안 '공부에 재능이 없는 한국 학생은 어떻게 해야 행복하게 한국 학교에 다닐 수 있을까?'를 고민했던 적이 많았습니다. 한국 학교에서 수시로 이루어지는 평가들. 그 평가들에서 좋은 점수를 받진 못했지만 다른 방면으로 재능 있는 학생이 많을 텐데, 단지 성적이라는 것이 모든 것의 기준이 되어버려 학창 시절을 우울하게 보내는 학생들을 많이 보았기 때문입니다. 특히 고등학교 고학년으로 갈수록 학생들은 예체능 과목과 점점 멀어지게 됩니다.

한국이나 프랑스나 모두가 같은 직업을 가진 교사지만 많은 부분에서 차이를 보입니다. 한국에서 고3 때 체육 수업을 많이 하려고 하면 분명 학생들과 학부모들은 싫어할 겁니다. 왜냐하면 입시에 직결되는 과목이 아니기 때문입니다. 이런 점으로 인해, '국영수'라는 말이 나오고, 일부 학부모님들은 흔히 말하는 주요 과목 선생님들이 담임을 맡는 걸 선호하기도 합니다. 인문계 고등학교에서 고3 때 체육 수업을 자주 하기란 쉽지가 않은 안타까운 현실입니다. 세상에서 가장 중요한 건 건강이라고 그렇게 자주 말하는데, 현실은 그렇지가 않습니다.

중요한 게 과연 무엇일까요? 입시 교육의 안타까운 점을 한국에서 수시로 목격합니다.

공부를 못한다고 행복하지 못할 이유는 없습니다

미래 글로벌 인재에게 필요한 역량은 무엇일까요? 성찰하는 삶, 메타인지를 하는 아이로 자라게 하는 삶은 과연 어떤 나라가 더 어울릴까요? '어떤 나라의 교육 과정이 더 좋다, 나쁘다'를 말하고 싶지 않습니다. 다만, 저는 프랑스 교육과 한국 교육의 방향성에서 분명 큰 차이를 보았습니다. 이 둘의 차이점은 아이들을 다르게 자라나게 합니다.

프랑스에 있으면서 한국 교육의 장점도 확실히 느꼈습니다. 바로 교육과 첨단 기술을 접목한 에듀테크[1]입니다. 에듀테크를 활용한 수업 능력은 단연 한국이 최고라는 것을 다시금 실감할 수 있었습니다. 결국 인문학에 기반을 둔 프랑스의 교육과, 시대를 선도하는 에듀테크의 한국 교육이 적절하게 조화된다면 서로 융합하여 더 좋은 교육과정을 만들어낼 수 있겠다는 생각을 했습니다.

그리고 프랑스의 경우, 중학교 때에는 인턴십 제도가 있습니다. 실질적으로 본인이 인턴 체험을 하고, 다녀온 후 보고서를 작성하는 기간입니다. 이 기간에는 학교 출석을 하지 않고 직업 체험을 합니다. 이렇듯 프랑스에서는 보다 자기 주도적이고 능동적으로 움직이는 활동이 많았습니다. 전체와 함께 움직이는 게 아닌 각자가 본인

---

1) 에듀테크: 교육(Education)과 기술(Technology)을 합친 단어로, 정보 통신 기술 등, 다양한 첨단 기술을 활용한 교육을 뜻함

에게 맞는 걸 선택해서 말이죠.

또한 프랑스의 중학교는 학생들이 원하는 과목을 선택해서 듣는 교과 교실제였습니다. 학생들은 쉬는 시간마다 계속 이동해야 했죠. 한국처럼 한 교실에서 1년간 생활하는 구조가 아니었습니다. 반면 한국은 학급별 또는 학년별 행사가 많이 있습니다. 한국은 공동체 정신을 프랑스보다 훨씬 강조하는 것을 파악할 수 있었습니다. 이렇게 해외에 나가보니 우리나라 교육의 특징도 더 잘 볼 수 있었습니다. 지금까지 익숙해져 잘 몰랐던 한국 교육의 장점도 확인할 수 있는 계기가 되었습니다.

또한 프랑스에서는 자율성이 정말 많이 강조된다는 걸 느낄 수 있었습니다. 한국의 경우는 학생 주도가 아닌 교사 주도로 이루어지는 것들이 아직도 너무 많다고 생각합니다. 프랑스의 경우, 교육 과정상 다양한 선택권이 있었습니다. 한국은 단체로 행사에 참여하는 체육 대회, 축제, 체험 학습 등이 많이 있으며, 보다 결속력이 강한 게 특징입니다. 하지만 프랑스는 과목 선택부터 급식 요일제 선택 등 많은 선택권이 주어집니다. 어릴 때부터 선택에 대한 실패와 성공 경험을 자연스럽게 갖게 됩니다.

그리고 프랑스는 대학 등록금이 한국보다 저렴하다는 것도 특징입니다. 사교육비에 대해 앞서서 언급했지만, 한국 부모님들이 힘든 이유에는 사교육비와 대학 등록금 등 경제적인 부분을 무시할 수 없습니다.

프랑스의 장점 말고 단점은 어떤 것이 있을까요? 자신의 의견을 당당하게 발표하는 걸 즐기는 프랑스인들이 많습니다. 아마도 어릴 적 학교 교육에서 받은 교육의 영향이 크지 않을까 생각합니다. 프랑스인들은 언어 표현 능력이 뛰어납니다. 그래서 그런지 수시로 파업이 일어납니다. 부당하다고 생각되면 어김없이 파업이 일어나는 프랑스 사회를 보았습니다. 그리고 그 파업은 가끔 심하게 폭력적이었습니다. 프랑스 사회의 치명적인 차가운 단점들도 많이 목격했습니다.

위에서 언급한 바와 같이 예술, 문학, 철학을 중요시하는 프랑스 교육과 한국 교육은 분명 큰 차이를 보입니다. 공교육의 의존도가 높은 프랑스. 사교육의 비중이 높은 한국.

삶에서 가장 중요한 것은 무엇일까요? 중요한 건 자기 이해를 분명히 하고, 자아 정체성을 획득하는 것입니다. 교육은 '행복 진로 교육', 즉 우리 아이들이 주체적으로 삶을 설계해 건강한 성인으로 성장할 수 있도록, 그 기초를 학교 안에서 쌓을 수 있도록 나아가야 합니다.

모든 교육의 뿌리는 기본에서 시작합니다. 건강한 마음과 건강한 신체의 조화, 지덕체로를 추구해야 하는 이유입니다. 시대가 흘러도 변하지 않는 것들이 있습니다. 교육 정책이 자주 뒤바뀌어도 바뀌지 말아야 할 게 있습니다. 그것이 바로 교육 철학입니다. 그것은 한 나라의 미래를 결정할 수 있는 중요한 덕목입니다. 국가가 지향하는 교육 철학과 방향성, 우리 아이를 어떤 환경 속에서 어떤 방향으로 자라게 할지, 프랑스에 있는 동안 고민과 고민의 시간이었습니다. 한 가지 얻은 깨달음은 자기 주도 학습, 어릴 때부터 스스로 자신의 하루를 능동적으로, 체계적으로 설계하고 자신이 설계한 맵에 따라 주체적으로 살아가는 아이로 키우고 싶다는 것이었습니다. 이제 그 이야기를 해보려 합니다.

2.
스스로 어린이를 만드는
프랑스 교육법

프랑스에서 3년을 살았습니다. 자녀들과 함께 3년을 살면서 한국과는 전혀 다른 프랑스의 자녀 교육법을 발견했습니다. 다름은 틀림이 아니기 때문에 무엇이 더 좋은지 나쁜지, 이런 걸 이야기하고 싶지는 않습니다. 단지 프랑스의 교육법을 보면서 많은 생각을 했습니다. 나와 다른, 우리와 다른 문화권에 접했을 때 비로소 우리를 더욱 자세히 들여다볼 수 있었습니다.

프랑스는 아이를 강하게 키웁니다

가장 인상적이었던 일화가 있습니다. 당시 저의 자녀는 초1, 초3이었습니다. 둘째는 초등학교를 프랑스에서 입학하게 되었고 첫째는 프랑스 초등학교를 3학년에 등록하게 되었습니다. 그런데 저의 자녀와 비슷한 또래였던 아파트의 같은 라인에 있는 아이들이 분리수거를 하는 모습을 목격했습니다. 나이가 아직 많이 어린데, 분리수거를? 이뿐만이 아니었습니다. 프랑스에서는 아이를 굉장히 엄격하고 또 독립적으로 키운다는 걸 다양한 상황 속에서 관찰할 수 있었습니다.

부모는 단지 옆에서 보조 역할을 하는 느낌이었습니다. 특히 부모의 경제력은 부모의 것이고, 자식은 어느 정도 나이가 되면 독립해서 나가야 한다는 생각을 많은 사람들이 가지고 있었습니다. 한국에 돌아왔을 때 저도 프랑스에서 봤던 것처럼 아이들에게 직접 요리하게 하고, 집안일 역시 업무 분장하듯이 나눠서 시켰습니다. 그리고 근거리는 프랑스 아이들처럼 뛰어가게 해봤습니다. 그러자 주변의 지인분들이 저의 자녀들을 안쓰럽게 여기는 모습을 목격할 수 있었습니다. 아이를 왜 이렇게 힘들게 하냐고 묻는 분들도 많았습니다.

대부분의 한국 부모님들은 아이들과 최대한 밀착된 양육을 지향합니다. 아이가 충분히 혼자 할 수 있는 일임에도 부모님이 대신 해주는 경우가 많습니다. 아이의 불편을 원하지 않습니다. 그런 이유로, 어릴 때부터 아이들이 스스로 하게 하는 교육에는 눈길이 따갑습니다. 혹자는 방임이라고도 합니다.

사실 프랑스 교육은 '자유'라는 명목 아래 아이를 방치하기도 한다는 생각을 저 또한 해봤습니다. 물론 다 그런 건 아니지만, 간섭이 없는 대신 아이들을 스스로 하게끔 너무나 내버려두는 경우도 있는 게 사실이었습니다. 그렇지만 저는 자녀를 아주 어릴 때부터 능동적으로 키우는 프랑스식 교육 방법이 마음에 들어, 그런 부분을 따라

하고자 했습니다.

그러다 한국에 있는 프랑스 자녀를 둔 집에 초대되어 갈 일이 있었습니다. 그런데 어린 여자아이 두 명이(초3쯤으로 기억합니다.) 쓰레기 분리수거를 하러 엘리베이터에 서 있었습니다.

역시 프랑스인이야! 라고 외쳤습니다.

한국 부모님과 프랑스 부모님 모두 아이를 사랑하는데 그 표현 방법, 태도는 아주 다르다는 것을 느꼈습니다. 프랑스는 자녀가 부모 없이 독립된 인간으로 성장할 수 있도록 도와주는 교육을 합니다.

부모는 부모의 인생을 삽니다. 부모는 자녀에게 그들이 행복하게 사는 모습, 멋지게 취미 생활을 하는 모습을 보여줍니다. 부모의 사생활은 완전히 독립적이며, 이는 아이와 떨어져 있는 부모만의 사생활입니다. 부모는 부모, 자녀는 자녀입니다. 반면 한국의 경우, 자녀 교육에서 부모의 희생이 너무나도 당연시되고 있습니다. 부모는 일을 마치고 돌아와 다시 또 아이들을 돌보고, 이렇게 일주일이 매번 반복됩니다. 너무도 힘든 하루하루가 쌓이다 보니 부모에게서는 지치고 힘들어하는 모습을 자주 목격할 수 있었습니다. 자녀에게 좋다고 하면 무엇이든 해주려고 하는 한국 부모님의 높은 교육열은 정말 대단합니다. 하지만 그 밑바닥에는 자녀를 위한 희생정신이 깊숙이 자리 잡고 있습니다.

어떻게 자녀를 키워야 할까요? 100%는 아니더라도 어느 한쪽으로 좀 더 치우치자면, 저는 프랑스 교육법으로 자녀를 키우기로 했습니다. 부모가 언제까지 자녀를 돌봐줄 수는 없는 노릇이니까요.

유럽에 살 때 자녀들을 데리고 부모님이 유럽 여행에 오는 경우를 많이 볼 수 있었습니다. 대부분 남편이 직장에서 돈을 벌고 있고 엄마가 아이들을 데리고 오는 경우가 많았는데, 어떤 아이들은 부모님에게 오히려 화를 내고 있었습니다. 더 좋은 호텔, 더 좋은 액티비티, 더 비싼 기념품을 요구하면서 말입니다. 부모님이 그런 아이들에게 쩔쩔매는 모습이 좋게 보이지 않았습니다. 여행을 오기까지의 계획부터 예산 등, 부모님의 노력에 전혀 감사할 줄 모르는 아이들. 반면 어떤 한국 대학생들은 스스로 돈을 모아서 악착같이 아르바이트를 해 본인이 모은 돈으로 여행 계획을 세우고 시간을 보냅니다. 자기가 모아왔던 소중한 돈으로 여행하기에 그 계획부터 치밀합니다.

최근에는 유치원, 학교뿐 아니라 군대까지 부모님 민원이 들어온다는 이야기를 들었습니다. 하지만 부모님이 자녀를 언제까지 돌봐줄 수 있을까요?

결국 '나'답게 사는 법. 삶의 철학을 가지고 자신만의 행복의 길로 찾아가는 법을 스스로 깨닫고 행동하도록 도움을 주는 것이 중요합니다. 부모는 나침반이 될 수 있지만 평생 함께하는 동반자는 될 수 없습니다.

부모와 자녀 사이에도
적절한 거리 두기가 필요합니다

부모들에게도 아빠만의 시간, 엄마만의 시간이 필요합니다. 자녀와 분리된 시간을 통해 서로를 존중해주며 응원과 지지를 보내주는 일. 부모로서 지나친 간섭이 아닌, 자녀가 무엇인가 막혔을 때 안내자가 되어주는 일. 부모는 자녀의 최고의 조력자가 되어주어야 합니다. 그전에 부모는 아이 스스로 문제를 해결할 수 있는 시간을 충분히 주어야 합니다.

부모의 역할에 대해서 언제나 고민 또 고민이지만 결국 어려운 일이 생겼을 때 곧바로 문제를 풀어주는 일이 그 역할은 아니라는 생각을 했습니다. 마치 수학 문제가 막혔을 때 바로 해답지를 건네주는 일이 반복되면 아이가 수학을 배울 수 없는 것처럼, 무슨 일이든지 부모가 도와주면 아이가 자립할 기회를 놓칠지도 모르기 때문입니다. 더불어 아이들에게 가장 필요한 결핍, 그 결핍에서 나오는 자발적 동기 부여도 필요합니다. 부족함을 느껴본 아이는 그것을 채우기 위해 더 고민하고 수많은 방법을 스스로 찾기 위해 노력할 것입니다.

자녀에게 결핍을 선물한다는 것. 역설같이 들릴지 모르겠지만 때로는 부모님이 아이의 폭발적인, 내적 동기를 자극할 수 있는 환경도 조성해 줘야 합니다. 부족함 없이 아이를 키우고 싶은 대부분 부모님의 마음, 자녀를 사랑하는 마음은 공통된 분모이지만 안타깝게도 때로는 자녀를 위한다는 생각에 자녀 대신 거짓말을 해주는 부모님도 여럿 본 게 사실입니다.

부모님은 언제나 중심을 잘 잡아주어야 합니다. 부모님이 흔들리면 아이는 더 심하게 흔들릴 수 있습니다. 자녀를 인격체로 대해주는 것, 이것이 반드시 필요합니다. 부모님의 강제가 아닌, 누가 시키는 것이 아닌, 자기 스스로 간절히 원하는 그 무엇인가에 빠져 최선을 다하는 모습은 진정 아름답습니다.

프랑스와 한국의 방학에도 차이가 많습니다. 한국은 방학이 되면 부모님들 걱정이 태산입니다. 밥을 차려줘야 하고 아이를 돌봐줘야 하니 걱정이 많습니다. 프랑스는 어떨까요? 프랑스에서는 방학 때면 보통 한 달간 캠프를 많이 갑니다. 외국으로도 가고 할아버지 댁에도 갑니다. 캠프에 가지 않더라도 방학 때 자신이 알아서 밥을 챙겨 먹고, 알아서 생활하는, 그야말로 자유를 즐깁니다.

세상은 아름답기도 하지만 거칠고 힘든 순간이 매번 찾아옵니다. 이런 세상에서 혼자 할 수 있는 능력, 혼자서 뭐든지 해낼 수 있는 능력, 남에게 기대지 않고 혼자 해낼 수 있는 능력이 중요합니다. 그래서 저는 보다 자기 주도적이며 독립적인 프랑스 교육법으로 아이를 키우기로 결정했습니다. 물론 협업 능력은 무엇보다 중요합니다. 하지만 자기 자신을 먼저 다스릴 줄 알아야 다른 사람까지 이해할 수 있는 여유가 생기지 않을까요?

가정에서부터 하나하나 시작했습니다. 엄마나 아빠가

모든 일을 하는 것이 아닌 아이들에게도 가족 구성원으로 해야 할 일을 알려주고, 함께 상의해서 가정일을 나눴습니다. 그래서 설거지, 분리수거, 음식물 쓰레기 등 당번을 다 정해두었습니다. 또 주기적으로 협의를 통해 당번을 바꿨습니다. 어릴 적부터 스스로 밥을 차려 먹다 보니 아이들은 엄마가 밥을 차려준다고 해도 스스로 차려 먹을 때가 많습니다. 이렇게 아이들에게 가정일을 시작으로 알아서 일어나고, 알아서 밥을 차려 먹고, 학교에 가는 것부터 습관화시켰습니다. 프랑스 아이처럼 말입니다.

  프랑스에서 가장 충격적이었던 건 공항에서 한 초등학생이 혼자 비행기를 타고 외국으로 가는 장면이었습니다. 목에 '어린이 혼자'라는 어떤 목걸이를 차고, 승무원의 안내를 받으며 혼자 외국을 가는 모습을 보자 정말 깜짝 놀라지 않을 수 없었습니다. 프랑스 아이들은 방학이 되면 스위스로 스키 캠프를 가서 한 달간 캠프 생활을 하는 등 아주 어릴 적부터 독립된 삶을 살고 있었습니다. 물론 여기서 꼭 챙겨야 할 점은 안전이겠죠. 가장 주의해야 할 점이 바로 이 부분이란 생각이 듭니다. 안전과 건강은 무엇보다 우선되어야 하니까요.

어릴 때부터 선택하게 해주기. 그리고 그 선택에 대한 무한한 좌절과 성공의 열매를 스스로 맛보게 해주기. 프랑스 교육에서는 반드시 성공만을 바라지 않았습니다.

작은 성공, 또는 실패의 교훈이 훗날 밑거름이 되리라는 것을 알고 있기 때문입니다.

혼자 뭐든지 할 수 있다는 자신감이 생기면 어떤 일이 일어날까요? 가족 식사 시간에 더 이상 부모님에게 "저녁은 뭐예요?"라고 묻지 않습니다. 아이는 스스로 자신이 원하는 음식을 요리하고 자신의 음식 기호에 맞게 음식을 먹습니다. 그리고 자기가 먹은 것을 설거지까지 하고 주방을 깔끔히 정리합니다.

아침에 기상하는 것부터 잠들 때까지 자신이 계획한

삶을 살아갈 때의 만족감. 자신이 삶의 리더가 되어 스스로 해내는 것이 많아질수록 자기 효능감은 상승합니다. 어릴 때의 자녀 교육 방법이 그래서 너무나도 중요합니다. 어릴 때부터 부모님이 거의 모든 걸 다 해주게 되면 아이는 혼자 클 여유가 없어집니다. 그렇게 의존하는 삶은 사회에 나오게 되면 적응하기 힘이 듭니다. 부모님은 철저한 조력자로 남아 지지하고 안내하는 역할을 해야 합니다. 아이가 건강한 신체와 건강한 정신을 가진 성인으로 자랄 수 있도록 도움을 주는 역할을 해줘야 합니다. 가장 중요한 것은 아이들과 함께 정한 공통의 규칙 만들기, 서로 협의한 기준입니다. 체크리스트를 어떻게 만들고, 어떻게 아이들의 해내는 일에 대해 칭찬을 해줄지가 무엇보다 중요합니다.

 이런 작은 것들이 하나하나 모이면 부모도 행복하고 아이도 행복합니다. 프랑스에 살 때 놀랐던 점은 학교가 꽤 먼 학생들이 많았다는 점입니다. 그럼에도 불구하고 30분이 넘는 거리를 홀로 자전거를 타고 오는 학생들을 여럿 봤습니다. 어떤 학생은 러닝을 하면서 오더군요. 반면 한국의 경우는 어떨까요? 학교가 그렇게 멀지 않음에도 불구하고 부모님이 학교까지 차로 태워다주는 경우가 너무도 많습니다. 자녀들을 위한 뒷바라지는 평생 계속됩니다. 비가 오는 날이면 정말 많은 학부모님의 차들이 학교에 옵니다. 자녀에 대한 사랑을 느낄 수 있는 동시에 자녀를 정말 위하는 일은 무엇인지 고민을 해보게 됩니다.

프랑스에서는 자기 스스로 경제적으로도 독립된 성인이 되어야 하는 상황을 많이 목격했습니다. 어릴 때부터 경제 교육은 필수이며 자기 스스로 수입과 지출을 조절할 줄 알아야 합니다. 실제적인 교육, 세상을 살아가는데 꼭 필요한 교육, 자녀들에게 꼭 필요한 교육을 부모님은 선별할 줄 알아야 합니다. 만약 유럽 아이들과 이야기를 할 때 어떻게 여행을 왔냐는 질문에 부모님이 돈을 주셔서 왔다고 하면 유럽 아이들은 어떻게 생각할까요? 유럽에 살 때 친하게 지냈던 프랑스인이 있었습니다. 아버지는 퇴직 후 세계 여행을 한다고 했습니다. 정작 본인은 취업 전선에 뛰어들어 힘들게 생활하고 있었습니다. "부모님의 도움을 받아보는 건 어때?"라고 물었던 적이 있습니다. 그랬더니 그 친구는 "그건 내 돈이 아냐, 부모님의 돈이지. 부모님이 열심히 일해서 번 돈을 내가 달라고 할 이유는 없어."라고 말하더군요. 프랑스인들이 다 그런지는 알 수 없지만 제가 경험했던 프랑스인들은 크게 차이가 나지 않았습니다. 경제적으로까지 독립해야 진정한 성인이 되는 것이라는 생각이 프랑스인들의 인식 속에 자리잡혀 있었습니다.

저는 프랑스 교육으로 아이를 키우기로 결정했습니다

자기 주도 학습으로 아이를 키우기 위해 최소한의 개입만 유지한 채 아이의 선택을 존중했습니다. 다른 사람이 좋아하거나 지금 유망한 것을 좇지 않고, 본인이 원하는 인생을 스스로 설계할 수 있도록 학업에도 스트레스를 주지 않았습니다. 흥미와 재미를 느끼는 것에 열정을 쏟으라고 조언했습니다. 좋아하는 것을 열심히 하다 보면 실력이 늘어나고, 어느 순간 의미와 가치가 더해져 세상과 소통할 수 있다고 믿었기 때문입니다.

그런데 한 가지 중요한 점이 있습니다. 이렇게 할 수 있는 대전제는 한국 사회에서 흔히 말하는 명문대에 진학하길 바라거나, 대기업 또는 '누가 봐도 좋은 기업에 들어가면 좋겠다'라는 자녀에 대한 기대감을 버렸기 때문입니다. 사회나 가족의 기준이 아닌 나의 기준으로 살아가야 합니다. 세상에서 가장 중요한 것 중 하나는 '나'를 어루만지고 격려하는 일입니다. 자존감이 높아지면 다른 사람들을 굳이 부러워하지 않습니다. 내 자신에게 당당하고 내 자신을 다른 사람과 비교하지 않으며 나 스스로 떳떳합니다. 그래서 저는 자녀들에게 사회적인 기준의 성공을 요구하지 않았습니다. 길게 보고 삶을 살아가는 태도에 대해서 조언했습니다. 중요한 것은 기본, 바로 삶을 성실하게 살아가는 자세라고 생각했기 때문입니다.

프랑스에 살면서 프랑스인들이 돈 얘기를 하거나 주식, 부동산 이야기를 하는 것을 본 적이 없습니다. 하지만 한국에 복귀하니 대부분의 이야깃거리는 주식과 부동산 등이었습니다. 그리고 중등, 고등 학부모님들은 입시가 최대의 관심사였습니다. 나라 간의 사회적 분위기가 다르니 대화 소재 또한 정말 많이 다르다는 것을 인식할 수 있었습니다.

글로벌 인재로 성장하기 위해선 어떻게 해야 할까요? 중요한 요소 중 하나는 바로 문제 해결력입니다. 사회에서 일어나는 크고 작은 문제들을 누가 슬기롭게 해결할까요? 개인적인 문제부터 사회적인 문제까지 우리는 끊임없이 문제를 안고 살아가고 있습니다. 시대적, 역사적, 문화적 상황에 따라서 문제의 형태는 다르게 나타날 것이며 때로는 문제의 확산 속도가 매우 빠를 수 있습니다.

스스로 학습하고 문제를 해결하는 능동적인 아이로 성장해야지만, 인생을 길게 내다봤을 때 끌려다니는 삶이 아닌 주체적인 삶을 향해 전진할 수 있습니다. 비판적 사고 능력, 그리고 언어, 역사, 문화, 철학 등을 통합한 융합적 사고와 확산적 사고 능력. 그 모든 것의 경계를 허무는 통합적 사고 능력을 보유해야지만 앞으로의 세계를 더욱 행복하게 살아갈 수 있습니다.

'스스로 어린이'가 되면 어떤 점이 좋을까요? 자기 학습에 대한 목표와 의미를 설정하고 그에 따른 관리를 스스로 조절할 수 있습니다. 그리고 자신의 우선순위를 파악하는 시간 관리 능력이 형성됩니다. 자기 주도 학습은 스스로 하는 것이기 때문에 지속성이 강합니다. 이러한 습관은 평생 교육, 평생 학습자로 자기 학습의 기초를 쌓는 과정입니다. 자기 성찰 능력을 통해 자기 효능감까지 강화할 수 있는 스스로 어린이로 키우는 게 중요합니다.

그래서 저는 자기 주도 학습, 프랑스 교육으로 자녀를 교육하기로 결정했습니다.

3.
자유도 주고 책임도 주기

프랑스의 3대 정신은 바로 자유, 평등, 박애입니다. 프랑스에서는 나이를 크게 중요하게 생각하지 않습니다. 때문에 수직적 구조가 아닌 '인간 대 인간' 상호 존중의 태도가 강합니다. 프랑스에 살 때 나이 어린 학생이 나이가 지긋한 할머니와 싸우는 것을 본 적 있습니다. 하지만 그것은 싸움이 아닌 토론이었습니다. 한국에서 그런 풍경이 목격되면 정말 버르장머리 없는 학생이라고 낙인이 찍혔겠지만 프랑스에서는 인격체 대 인격체의 토론 상황으로 받아들여집니다. 프랑스와 한국은 많이 달랐습니다.

인간 대 인간의 토론. 따라서 부모가 자녀의 결혼, 직업 등 선택에 있어서 프랑스는 한국보다 훨씬 개입이 줄어듭니다. 프랑스의 현 대통령의 결혼 스토리를 들어보면, 이미 가족이 있었던 여선생님과 결국 결혼했고 이후에 대통령까지 된 결혼 스토리를 갖고 있습니다. 아마도 이런 이야기를 들어보면 프랑스 국민의 정서가 한국과는 많은 차이가 있다는 것을 알 수 있을 듯합니다. 한국에서는 자녀가 태어나서 학창 시절을 보내고 또 결혼하고 출산에 이르기까지 부모의 역할은 끝이 없습니다. 특히 결혼 과정, 결혼 이후 출산하면 아이를 돌보는 문제까지 부모의 역할과 책임이 요구됩니다.

하지만 프랑스에서는 자녀를 성인이 될 때까지 독립된 인간으로 성장시키는 데 중점을 둡니다. 한국 부모님이나 프랑스 부모님이나 세계 어느 부모님이나 자녀를 사랑하는 건 매한가지입니다. 다만 양육 방식에 있어서 태도가 많이 다릅니다.

특히 공원에서 놀고 있는 경우를 예로 들면 쉽게 이해가 갈 것입니다. 프랑스는 아이들에게도 엄청난 자유를 줍니다. 프랑스 아이들은 한국에서는 상상하지도 못할 나무 올라타기 등으로 정말 과격하게 놉니다. 그런데 참으로 신기한 게, 몇 시에 집에 가자는 약속을 했다고 가정해 봅시다. 한국 같은 경우 아이가 더 놀고 싶다고 떼를 쓰거나 하는 등의 상황이 연출되는 경우가 많지만 프랑스는 부모님이 굉장히 엄격합니다. 무한 자유를 주는 것처럼 보이지만 기준을 어기면 안 됨을 확실히 알려줍니다. 같은 아파트에 살던 아이가 집 밖에서 벌을 서는 것을 본 적이 있었습니다. 그 아이는 초등 저학년이었는데 무슨 잘못을 한 건지, 복도에서 벌을 서고 있었습니다. 어찌 됐든 프랑스는 자녀를 그만큼 엄격하게, 또 독립적으로 키우고 있었습니다. 하지만 가장 중요한 건 분명한 기준입니다.

사랑의 표현 방식은 참으로 달랐습니다

프랑스 학교에서도 3년간 근무해 봤지만, 선생님 또한 굉장히 엄격합니다. 한국처럼 학생들이 교무실에 자주 찾아와서 선생님과 대화를 하거나 수업 중에도 선생님과 가깝게 지내는 모습을 프랑스에서는 쉽게 찾아볼 수 없었습니다. 프랑스 학교에는 교무실도 없습니다. 실제로 프랑스 같은 경우 수업 시작 전 보통 학생들이 일어서 있어야 합니다. 그리고 교사가 교실에 들어가서 수업 준비가 되었으니 수업을 하겠다고 하면 그때 학생들은 자리에 앉았습니다.

선생님과 학생들과의 관계도 한국과는 정말 다릅니다. 한국은 학급별 단체 행사도 많고 학급의 정이라는 게 있다면 프랑스는 딱히 그런 모습을 찾기 힘들었습니다. 그리고 타인에게 크게 신경 쓰지도 않습니다. 프랑스에 살면서 아이를 야단치는 장면을 정말 많이 목격할 수 있었습니다. 한국에서는 아이들 간의 다툼이 유치원에서부터 초등, 중등 각종 민원으로까지 이어지는 상황을 정말 많이 봤습니다. 특히 학교 폭력 같은 상황이 발생하면 아이들의 다툼은 간혹 학부모님들의 다툼까지 이어집니다.

프랑스는 자녀 교육에 있어서 확실한 자유를 주고 기준에 어긋나면 엄격함을 보여주는 태도를 보입니다.

가정 교육. 교육의 뿌리인 가정 교육의 태도가 정말 중요하다는 것을 다시 한번 느꼈습니다. 교육의 시작은 교육의 기본인 가정 교육에서부터 시작해야 합니다.

또 프랑스의 경우, 학원이 없고 학업 스트레스가 한국에 비해서는 훨씬 적기 때문에 학창 시절에 성적으로 압박을 하거나 스트레스를 주는 일도 거의 없습니다. 프랑스에는 일반 대학에 진학하는 바칼로레아, 그리고 정말 엄청나게 치열한 경쟁을 마친 뒤에 입학할 수 있는 그랑제콜이 있는데, 대부분은 바칼로레아로 일반 학교를 가는 것을 생각합니다.

따라서 한국처럼 학원과 학업 스트레스를 크게 받지 않습니다. 때문에 성적으로 자녀를 다른 또래 아이와 비교하는 일은 거의 찾을 수 없습니다. 프랑스는 공교육이 한국에 비해 강화되었고 언어와 역사, 철학, 인문학과 함께 체육도 강조됩니다. 특히 인상적인 점은 여자 축구단이 정말 많았다는 점입니다. 어떤 행동을 할 때 성으로 구분 짓는 일이 거의 없었습니다. 농구나 축구 등 한국에서는 아직까지 보통 남학생들이 많이 하지만 프랑스는 대부분의 종목에 있어서 남녀가 함께하는 장면을 목격할 수 있었습니다.

　프랑스 생일 파티는 어떨까요? 제가 살았던 곳에서는 보통 피자 등 먹거리를 파는 풋살 스타디움에서 생일 파티가 많이 진행되었습니다. 축구를 하고 피자를 먹고 다시 또 축구를 하고, 운동을 정말 좋아하는 나라였습니다.

　프랑스에선 부모가 아이를 쉽사리 도와주지 않습니다. 유명한 영상이 있습니다. 아이가 넘어졌을 때의 영상입니다. 아이가 걷다가 넘어진 상황입니다. 프랑스 부모님은 어떻게 할까요? 아이가 혼자 일어설 때까지 기다려줍니다. 반면 한국의 경우 대부분 아이를 일으켜 줍니다. 이게 아마도 프랑스와 한국의 자녀 양육 태도의 차이점을 보여주는 한 단면이 아닐까 생각해 봅니다.

프랑스의 장점만 목격한 것은 아닙니다. 프랑스의 치명적인 단점도 많은 곳에서 찾을 수 있었습니다. 프랑스는 항상 자유의 나라라고 생각했었습니다. 그런데 코로나 시절 사람들이 정부의 말을 전혀 듣지 않고 오히려 마스크를 쓰지 말자는 운동까지 나오는 상황이 되자, 결국 정부는 공권력을 투입해서 사람들이 집에서 나오지 못하게 격리 조치를 취했습니다. 한순간에 자유가 사라지는 모습을 목격하니 참으로 아이러니했습니다. 자기주장이 너무 강하다 보니 이런 상황이 펼쳐지는구나, 다양한 의견을 수용하다 보니, 이런 상황이 나오는구나 하는 것도 느낄 수 있었습니다. 여행과 삶은 참 다릅니다. 직접 그들과 부대끼며 살면서 언론에서 비추어지던 프랑스가 아닌 실제 프랑스인들의 삶을 조금 더 자세히 들여다볼 수 있었습니다.

왜 프랑스는 예술의 나라가 될 수 있었을까요? 아이가 한국에서 학교를 다닐 때 들었던 말이 있습니다. 선생님 께서 미술 학원에 보내라고 하셨습니다. 그림 그리는 실력이 또래 아이들보다 떨어지기 때문에 학원에 가서 미술 수업을 듣기를 권장하셨습니다. 잠시 미술 학원에 보내야 하나, 그런 생각도 들었지만 보내지 않았습니다. 그리고 프랑스에 갔습니다. 아이는 미술에 대해 스트레스를 받지 않았습니다. 왜 그럴까요? 한국은 미술 학원에 다녔던 아이들과 그렇지 않은 아이들 간에 실력 차이가 있습니다. 물론 학원에 다니지 않고서도 그림 실력이 뛰어난 아이도 있습니다. 그런데 프랑스에선 아이가 그림으로 스트레스를 받는 일은 없었습니다. 대부분의 아이가 학원도 다니지 않을뿐더러 정말 자유롭게 그림을 그려도 되었기 때문입니다.

프랑스 아이들은 문학이든, 그림이든 자기표현을 자유

롭게 할 수 있는 환경 속에서 자랍니다. 학원에서 일정한 형식에 따라 가르쳐주는 것과 아이들이 스스로 나타내는 자연스러움은 전혀 다릅니다. 무질서 속의 질서, 프랑스에 살면서 프랑스가 왜 예술의 나라가 될 수 있었는지를 생각해 보았습니다. 틀을 깨는 사고, 창의성. 결국 뿌리는 인문학입니다. 시와 독서를 강조하고 토론을 강조하며 드넓은 대자연에서 하는 자연과 함께하는 경험들, 자유롭게 허용하는 그들의 상상력, 그 상상력은 제한받지 않는 환경이 중요합니다.

당장 대입만 해도 바칼로레아는 자기 생각을 풀어 쓰는 것이고, 한국의 수능은 나의 의도가 아닌 출제자의 의도를 제한된 시간에 빨리 찾아내야 하는 시험이기에 수렴적 사고를 할 것이냐, 확산적 사고를 할 것이냐 차이가 있습니다. 한국 수능의 경우, 반복된 연습이 아니면 문제를 풀기란 쉽지 않기 때문입니다.

또한 주변 환경의 문화도 무시할 수 없습니다. 프랑스

는 이중 국적, 부모님들 국적이 다른 경우가 굉장히 많습니다. 또 여러 나라에 둘러싸여 있기에 다국적 아이들이 주변에 포진되어 있습니다. 제가 프랑스 공립 국제 중학교에서 수업할 때만 해도 한 반에 10여 개가 넘는 나라의 아이들이 섞여 있었습니다. 이렇게 글로벌한 다문화 사회에서 자랐기 때문에 한국인들로만 구성된 학급에서 쭉 자란 한국의 아이들과는 생각과 경험의 차이가 있을 수 있습니다. 여러분 자녀를 감싸고 있는 학생들은 어떤 학생들인가요? 글로벌 인재로 나아가려면 어떤 환경을 구성해 줘야 할까요? 우리를 둘러싸고 있는 주변 환경은 참으로 중요합니다.

명문대에 보내지 않아도 행복한 교육

자녀가 명문 대학에 입학하지 않으면 부모가 잘못한 걸까요? 한국에 와서 이상한 사회 현상을 보았습니다. 초등학교 때 성적은 엄마 성적이라는 이야기를 들었습니다. 왜 그럴까요? 왜 이런 말이 생겨난 걸까요? 어떻게 하면 공부를 잘 못하는 친구가 학교에서 행복하게 보낼 수 있을까요? 한국 학교에 복귀한 후, 이것에 대한 고민이 생겼습니다. 한국에서는 중등, 고등, 점점 학년이 올라갈수록 공부를 못하면, 왠지 열심히 살지 않는 것 같은 죄책감을 느끼게 됩니다. 또 그 부모님 또한 자녀의 성적에 따라 어깨가 으쓱하기도 하고 움츠러들기도 하는 모습을 보았습니다.

부모에겐 부모의 삶이 있고, 자녀에겐 자녀의 삶이 있습니다. 다만 부모는 자녀가 잘 독립할 수 있도록 안내해 줘야 합니다. 그런데 한국 사회에서는 모두 한결같이 고학력 고스펙을 요구하고 주변을 돌아봐도 다 학원을 다니고 모두가 같은 곳을 향해서 돌진하고 있기에 여유를 갖기란 쉽지 않습니다. 프랑스 어학원에서 상대방에게 '취미가 뭐예요?' 라는 질문에 대한 예시 답안으로 항상 등장하는 답변이 있습니다. 바로 산책입니다. 아주 어릴 적부터 프랑스인들은 산책을 합니다. 그래서 한국으로 돌아온 이후 프랑스에서 생활했던 저의 자녀들이 가끔

"산책하고 올게."하고 혼자 집 밖을 나갔다 오는데, 그게 참 신기했습니다.

여유 있는 일상의 산책. 여러분은 최근에 언제 해보셨나요?

프랑스에서 근무할 때 고등학생이 교문 밖에서 선생님과 함께 맞담배를 피우는 것을 보고 충격을 받은 적이 있습니다. 나중에 동료 선생님께 물어보니 학교 밖에서는 흡연이 된다고 하더군요. 한국과는 정말 많이 달랐습니다. 풋살장에서 프랑스 어린아이를 만나면 한국과는 참 많이 다른 풍경이 목격됩니다. 인간 대 인간으로 "아저씨랑 한 게임 찰까?"라고 물어보며 게임은 시작됩니다. 공이 아주 멀리 날아가면 나이에 상관없이 역시 공을 찬 사람이 가져와야 합니다. 인간 대 인간, 수평적 관계의 평등한 만남, 인격체 대 인격체로의 만남이라는 것을 생활 곳곳에서 발견할 수 있었습니다.

물론 자유로움은 겉으로 볼 때는 굉장히 좋아 보이지만 실제로는 무섭게 다가오기도 합니다. 자기 절제력, 자기 자신을 통제하며 자신의 생활에 만족하는 사람이 몇이나 될까요? 성인들도 힘들어하는 문제입니다. 챌린저스 프로젝트를 통해서 실제로 돈을 먼저 지불하고 달성하지 못하면 돈을 돌려받지 못하는 모임도 있고, 최근에는 관리형 독서실이 굉장히 많이 늘었습니다. 환경을 철저히 통제하고 학습 코칭 프로그램, 습관 코칭 프로그램을 통해서 자기 스스로에게 페널티를 주는 경우가 많습니다.

자유가 주어졌을 때 그 자유가 얼마나 소중한 자유인지를 깨닫게 하는 법. 그리고 그 자유시간에, 그 소중한 시간에 자신이 하고 싶은 것을 밀도 있게 계획하여 수행하는 것. 물론 그 자유시간에 꿀잠을 자는 행복을 느낄 수도 있습니다. 단, 중요한 것은 바로 자기 자신의 행동에 자신이 책임져야 함을 어릴 때부터 가르쳐야 한다는 겁니다. 각자가 책임감 있는 행동을 했을 때, 타인을 배려하며 건강한 사회로 나아갈 수 있습니다.

실제로 한국 학교에서 겪은 일입니다. 휴대전화를 조회 시간에 걷는 게 일반적이었는데, 휴대전화를 걷을지에 대한 유무를 찬반 투표한 적이 있습니다. 결과는 어땠을까요? 학교 분위기마다 다르겠지만 제가 있었던 중학교에서는 많은 학생들이 휴대전화를 지금처럼 걷자고 투표했습니다. 모든 학생들에게 자유가 주어졌을 때 어떠한 일이 발생할지 학생들은 짐작하고 있었습니다.

한국 직장인들의 휴가는 평균 며칠이나 될까요? 프랑스에서 정말 놀랐던 점 중 하나는 일주일 법정 근로시간이 주 35시간인데, 보통 휴가가 한 달 이상 된다는 점이었습니다. 외국 사람들이 왜 여행을 오면 일주일, 이주일 또는 한 달 동안 한 나라에 길게 머무는지 이해할 수 있게 되었습니다. 한국의 경우 휴가 일수가 길지 않기 때문에 유럽을 간다고 하더라도 여러 나라를 숨 가쁘게 돌아다니는 경우가 많습니다. 여유를 찾기가 쉽지가 않습니다.

여유가 있는, 느리게 살기가 그립습니다

프랑스에 살면서 처음으로 '자유'에 대해서, '평등'에 대해서, '인간다움'과 '책임'에 대해서 진지하게 생각해 보았습니다. 그리고 아이들에게도 선택적 자유를 주고 싶었습니다. 개인의 행복감에 '자유'라는, 그리고 '책임'이라는 개념을 명확히 인식시켜 주고 싶었습니다. 같은 시간 속에 살아가고 있는 우리들이지만 어떤 사람들은 그 시간을 쪼개고 쪼개어 수많은 일들을 하기도 하고 어떤 사람들은 하루 중 반절을 그냥 날려버리는 경우도 있습니다. 결국 '자유'를 얻는 것도 본인이 어떻게 노력을 했는지가 중요한 선택과 행동의 문제입니다.

저는 프랑스 교육법으로 자녀들을 교육하기로 마음먹었습니다. 아이들에게 최대한 자유를 주고 개인의 자율성을 존중해 줍니다. 때로는 옷을 살 때나 어떤 행위를 할 때 부모님들이 이미 답을 정해놓거나, 또는 부모님이 원하는 답이 아니면 다시 부모님이 원하는 답이 나올 때까지 자녀들에게 정답을 유도하는 경우가 많습니다.

예를 들어 '머리는 이렇게 잘라야 해', '옷은 이런 걸 입어야 해'. 많은 부분에 있어서 우리는 자녀들의 선택적 자유를 침해합니다. 물론 적절한 조언을 해줄 수 있습니다. 하지만 우리는 부모님이 원하는 방향으로 아이가 자라기를, 정해진 길을 가기를 바라며 압박하는 경우가 많습니다. 물론 미성숙한 아이들의 잘못된 판단으로 고생을 하거나 쉽게 갈 길을 돌고 돌아서 가는 헛수고를 막기 위해서 부모님의 애정 어린 조언들이 자리하고 있다는 걸 잘 압니다.

하지만 간혹 부모님이 이끄는 삶으로 아이들을 초대하는 경우도 많습니다.

아이를 키우기란 정말 어렵습니다. 어떤 방향으로 어떻게 안내를 해줘야 할까요? 어느 정도 개입을 해야 할까요? 제일 중요한 건 자녀의 의견이므로 모든 선택에 있어서 가장 큰 가중치를 아이에게 주는 게 좋습니다. 선택과 책임의 수없는 반복된 연습은 아이를 분명 성장시킬 겁니다.

'자유'와 '책임'. 이것은 삶을 성찰하는 것으로 이어집니다. 자유롭게 사는 것, 내가 선택하는 자유를 아름답게 향유하는 것, 그리고 자신이 한 행동에 책임을 지면서 보다 더 당당해지는 법.

저는 프랑스 교육으로 자녀를 키우기로 정했습니다.

4.
프랑스 교육법으로
자녀 키우기

　프랑스 교육법으로 한국에서 자녀를 키울 수 있을까
요? 문화가 다르고 상황이 다른 한국에서 프랑스 교육처
럼 아이를 키울 수 있을까요? 좋은 대학에 들어가기 위
해 치열한 사투를 벌이는 입시 전쟁에서, 과연 프랑스 교
육법으로 주위의 시선에 크게 흔들리지 않고 아이를 키
울 수 있을까요?

　저는 과감하게 입시의 사회적 현상에 편승하는 것을
포기하기로 했습니다. 아니 그것에 목메지 않기로 했습
니다. 어쩌면 무책임하다고 비난받을지도 모릅니다. 졸

업 후면 또 취업 전쟁까지, 끝도 없는 험난한 길. 하지만 공부도 하나의 재능의 영역이라 생각합니다. 공부의 가장 큰 효과는 자기 자신이 진정으로 원해서 노력할 때 이루어진다고 생각했기 때문에, 억지로, 부모의 욕심 아래 아이들을 그런 시스템 안에 가두지 않기로 했습니다. 본인이 원해서 공부하고 싶다면 이야기는 달라지겠지만 말입니다. 길게 내다보고 아이가 주체적인 삶을 꾸려나갈 수 있게 도와주는 길 안내자가 되기로 했습니다. 당장의 대입에 절대 목메지 않고 평생 교육으로 아이들의 성장에 디딤돌이 되고자 했습니다.

저는 입시 교육 대신 아이들에게 다양한 경험을 제공하고 본인 스스로 선택하는 삶의 길로 인도하기로 했습니다. 그리고 살면서 정말 꼭 필요한 교육만 아이들에게 시키기로 결정했습니다. 사실 내려놓으면 뭐든 맘이 한결 편합니다. 하지만 우리나라 국민 대부분이 사교육과 입시 교육으로 줄기차게 달리기를 하는 경우가 많습니다.

평생 교육이 아닌 대입이란 목표로 가기 위해 숨 가쁘

게 살고 있고 그것으로 인한 스트레스는 쌓여갑니다. 최근에는 교육 또한 빈부격차에 따라서, 소득 격차에 따라서 교육 격차가 나오고 있는 실정입니다.

다 가질 수는 없습니다. 포기할 건 포기하고 내려놓을 건 내려놓고, 더 중요하다고 생각하는 우선순위에 맞게 교육하는 것. 모두가 같은 곳을 향해서 뛰어가고 있을 때, 그 길이 옳다고 생각하고 뛰어갈 때, 저는 잠시 옆길로, 우리만의 길로 가 보기로 결정했습니다.

사실 직업이 교사이기에 수많은 학부모님들 상담을 하다 보면 느끼는 게 있습니다. 중3 때까지만 해도 모두 우리 자녀가 소위 말하는 한국의 명문 대학이라고 불리는 대학들에 들어갈 수 있으리라는 기대감에 차 있다는 사실입니다.

자녀의 영어 실력을 위해 해외로 캠프를 보내는 경우도 있고 또는 이민을 가기도 합니다. 아주 어릴 적부터 예체능은 기본이고 전 과목에서 우수한 아이로 키우기 위해 각종 학원에 아이들을 보내는 경우가 많습니다. 그럼에도 불구하고 대학 수학 능력 시험의 긴장과 스트레스로 해마다 안타깝게 목숨을 끊는 사례가 나오고 있습니다. 길고 긴 인생 속에, 꽃다운 청춘의 나이에 시험 성적으로 인해 목숨을 끊는다는 사실, 이 얼마나 안타까운 현상인지요.

시험이 마치 인생의 목표인 것처럼 달려온 아이들이 수학 능력 시험으로 인해 마치 인생이 실패했다고 느끼며 좌절하고 자신을 질책하는 모습들을 보면, 유치원부터 초등학교, 중학교, 고등학교의 교육 과정의 목표는 무엇인가에 대해 다시 한번 본질적으로 질문하게 됩니다.

어느 한 나라의 교육법을 그대로 고수하는 것이 아니라, 문화에 맞게 교육법도 변신해야 합니다. 프랑스 교육법의 큰 틀은 아이를 독립적인 성인으로 성장시키는 데 길잡이 역할을 해주는 것입니다. 전 프랑스 교육법의 장점을 한국 교육이 지닌 엄청난 장점인 에듀테크와 접목

시키려 했습니다. 그렇게 저는 프랑스 교육법과 한국 교육법의 좋은 점들을 아이들과 함께해보기로 했습니다.

모든 것을 프랑스 교육으로만 하겠다는 이야기가 아닙니다. 뭐든지 적절히 잘 섞고 적당히 잘 분배해서 프랑스 교육과 한국식 교육, 또 기타 다른 나라의 교육 등 적절한 선택과 방향성으로 자녀에게 일관된 태도로 교육하는 것이 좋다고 생각합니다. 사실 한국 교육의 장점도 너무 많기 때문입니다. 그래서 기본적인 것들은 프랑스 교육법으로 가르치되, 여기에 한국 교육의 장점들을 더하기로 했습니다.

한국 교육은 정말 특별합니다. 그중에서도 한국의 에듀테크 교육은 정말 세계 어디와 비교해도 뒤지지 않을 거란 생각입니다. 다가오는 시대에는 디지털 역량 강화와 디지털 문해력이 무엇보다도 중요한데 이런 점들은 한국 교육이 이미 가지고 있는 엄청난 장점입니다.

성실함에 기반을 둔 디지털 미디어 역량은 한국이 가지고 있는 엄청난 장점이라고 생각합니다. 자녀 교육법에서 가장 중요한 점은 좋다고 하는 모든 것들을 자녀에게 시키려고 하면 안 된다는 겁니다. 나의 자녀에게 맞는 것을 적절하게 넣어주어야 합니다. 그것도 과하지 않고 조금씩 스며들게 말이죠.

저는 프랑스 교육으로 자녀를 교육하기로 마음먹었습니다. 크게는 그렇지만 한국의 좋은 점들도 받아들여 균형 있게 아이들에게 교육시키고 있습니다. 프랑스에서 살다가 한국에 왔을 때 아이는 너무 좋아했습니다. 바로 택배가 하루 만에 온다는 사실 때문이었죠. 이러한 사실에 아이는 크게 놀랐습니다. 주문하면 바로 다음 날 오는 택배 시스템, 그리고 24시간 운영하는 수많은 상점들. 프랑스와 한국은 문화가 참으로 다릅니다. 프랑스에 있었을 때 놀랐던 점은 길거리에 피시방과 노래방이 없었다는 것입니다. 고층 건물에 다양한 상가가 있는 경우는 쉽게 찾을 수 없었습니다. 대부분 공원에서 산책을 하거나 운동을 하면서 일상을 즐겼습니다. 한국 사람들은 멀티플레이어가 많습니다. 어릴 때부터 다양한 체험과 다양한 과목을 배웁니다. 그래서 취미도 정말 많고 할 줄 아는 게 정말 많습니다. 그리고 무엇보다 한국 사람들은 정말 근면 성실합니다. 융합 인재의 시대에 살고 있는 요즘, 적절하게 융합하기란 무척 중요합니다. 이는 교육법에 있어서도 마찬가지입니다. 프랑스 교육법과 한국 교육법의 조화가 필요했습니다.

다양한 교육의 조화, 그리고 부모의 교육 철학이 무엇보다도 중요했습니다. 어떤 방향으로 아이를 양육할지 기본이 되는 본질적인 태도 말입니다.

조매꾸 자기 주도 학습 교육법

저는 조매꾸 교육법으로 아이를 키우기로 결정했습니다. 꾸준함의 힘을 믿기 때문입니다. 성실함으로 단단히 무장한 끈기의 힘을 믿기 때문입니다. 입시가 아닌 평생 교육의 관점에서 아이가 살아가는 데 반드시 필요한 선택 연습, 생산자 교육, 건강한 신체 유지법, 멘탈 관리법, 기록의 축적법, 다양한 체험 학습, 자유와 책임의 절제, 자신만의 루틴으로 살아가는 방법, 절차적 사고와 자신을 알리는 방법, 소비와 지출의 개념 등 중요하다고 생각되는 것들에 관해 집중하기로 했습니다.

이 모든 것은 조매꾸 미라클 모닝과 함께했습니다. 바로 '조금씩 매일 꾸준히'의 줄임말인 '조매꾸'의 태도로 해야 하는 일과 하고 싶은 일 중 해야 하는 일부터 먼저 하고, 그 일을 다 마친 후 하고 싶은 일을 여유롭게 하는 습관을 만드는 게 핵심이었습니다.

아이를 세상의 잣대로만 판단하지 않는 것, 부모로 꼭 지키고 싶은 것 중 하나입니다. 세상이 말하는 성공 기준에 부합하지 않는 자녀가 많습니다. 기대를 내려놓고 자녀들이 조매꾸하며 함께 성장하는 삶을 응원합니다.

2부

행복한
인재로
키우기 위한
아빠
교육법

1.
소비자로 살지 말자,
생산자 프로젝트

미래 사회 인재에겐 무엇이 필요할까요? 그 중 첫 번째, 인식의 전환입니다. 대부분의 사람은 영상을 시청하는 소비자에 해당합니다. 그런데 이제 모든 사람이 크리에이터(Creator)가 되어야 하는 시대가 와버렸습니다. 하지만 학교에서는 크리에이터 교육을 심도 있게 알려주지 않습니다.

어떻게 해야 할까요? 이력서보다 유튜브 구독자나 블로그 이웃 수, SNS 팔로워 수들의 가치를 인정받는 시대가 왔는데, 어떻게 자녀 교육을 해야 할까요? 그리고 어떻게 성장 과정을 기록에 녹여 낼까요? 최근 한 카이스 트 대학원생과 이야기를 나눈 적이 있습니다. 본인의 과학 관련 유튜브가 입학에 도움이 되었다는 말입니다. 또 해외 파견을 가기 위해 서류를 낼 때, 한정된 칸 안에 많은 것을 담아 보여주고 싶은 욕심에 QR 코드를 서류 안에 넣어서, 활용하는 경우도 있습니다. 급변하는 시대에 교육 또한 빠르게 변해갑니다.

졸업생을 결혼식장에서 만난 적이 있습니다. 그 학생 은 학교에서 가장 공부를 잘하는 학생이었습니다. 그런데 그 학생이 이런 말을 했습니다. "학창 시절, 학교에서, 그리고 부모님이 하지 말라는 것'만 제대로 했어도 성공했다고요."

"아니 이게 무슨 말일까요?" 그 학생 말로는 유튜브나 SNS나 부모님들이 하지 말라는 걸 열심히 즐겼던 친구들이, 일찍부터 그런 걸 연습하고 노력했던 아이들이 지금 시대에 앞서나가고 있다는 것입니다. 앞으로의 교육과 미래 사회가 어떻게 변할지, 미래 사회에서 어떤 능력이 중요할지 그 누가 장담할 수 있을까요? 저출산이 심각한 사회 문제로 떠올랐는데 미래의 대학은 과연 어떻게 될까요? 적어도 현재처럼 미래도 똑같이 유지될 거라는 생각은 버려야 합니다. 사계절의 흐름처럼, 시대가 변함을 자연스럽게 받아들이고 미래 시대를 준비해야 합니다.

결국 현재는 나를 알리는 능력이 중요한 시대입니다. 그리고 그것은 학교 현장에서 쉽게 배울 수 없는 것들입니다. 사람을 모을 수 있는 사람, 또는 알아서 사람들이 나에게 찾아올 수 있게 만드는 능력이 있는 사람. 더 이상 학교 교육 또는 사교육의 틀 안에서 교육받는다는 틀을 벗어나 국경 없는 교육, 국경 없는 학생, 국경 없는 교사의 세계에 발을 빨리 들여야 합니다.

급변하는 사회 속에 어떻게 자녀를 키울까요?

일단 마인드셋부터 달리해야 합니다. 소비자가 아닌

1인 크리에이터의 마음가짐으로, 각자의 개성을 뽐낼 수 있는 생산자가 되어야 합니다.

생산자가 되는 순간부터 고민하기 시작합니다. 고객의 니즈(Needs), 바로 영상이든 글이든 음악이든 대중들의 니즈를 찾기 시작합니다. 전달하려고 하는 메시지와 고객의 니즈, 그 사이 교집합을 찾기 시작합니다. 그리고 자신의 콘텐츠를 분석해 보며 자기 점검을 가집니다.

그리고 종이로 쓰는 것에서 나아가 그것을 말하기, 영상, 음악 등 다양한 방식으로 표현할 줄 알아야 하며, 그 기록을 누적시켜야 합니다. 자신을 브랜딩시켜야 하며 마케팅할 줄 알아야 합니다. 글이든 영상이든 음악이든 또는 미술이든 자신만의 표현 방식으로 자신의 생산품을 만들어내야 합니다.

이것이 바로 개성 있는 삶, 앞으로 시대가 요구하는 핵 개인화의 시대에 필요한 자질 중 하나입니다. 자신만의 콘텐츠를 가지고 콘텐츠 크리에이터가 되는 것.

그래서 자녀에게 제가 시키는 것 중 하나는 생산자 프로젝트입니다. 유튜브와 인스타 블로그로 자신의 작품을 생산하고 그것으로 용돈 제도를 도입해서 생산품에 대한 혜택을 주고 있습니다.

블로그는 책으로 콘텐츠 주제를 잡았고, 유튜브는 지치지 않고 본인이 꾸준히 할 수 있는 것으로 잡았습니다. 지치지 않고 꾸준히, 조매꾸 정신으로 할 수 있는 것들을 본인들이 잡고 생산자 프로젝트를 시작했습니다. 공익성과 지속성이 콘텐츠를 만들 때의 핵심입니다.

대박 생산품을 기획하고 결과로까지 나오는 걸 기대하지 않습니다. 그저 조매꾸. 조금씩 매일 꾸준히 하는 삶의 태도를 가르치고 또 배웁니다. "첫술에 배부를 수가 있으랴.", 한 번에 큰 효과를 기대하는 것은 오히려 큰 실망감만 안겨줄 뿐입니다. 조금씩 매일 꾸준히, 자신의 글과 영상, 음악, 미술 작품을 생산하는 것, 이것이 바로 미래 사회에 대비하는 방법이라 생각했습니다.

소비자로 살 것인가?
아니면 창작자로, 생산자로 살 것인가?

주체가 되는 것, 내가 주인공이 되어 내가 삶을 이끌어 나가는 것. 수많은 작품을 수용만 하는 것이 아닌 내가 직접 창작해 보는 것, 이것이 행복한 미래를 대비하는 방법이 아닐까 생각했습니다.

화려한 기법으로 시간을 할애할 필요는 없습니다. 기록은 켜켜이 쌓이고 그것은 자신의 살아온 배경을 말해 주는 것만으로도 충분합니다.

중요한 건 삶을 살아가는 태도에서 주체가 되어보는 것, 남들이 만든 것을 소비만 하는 소비자가 아닌 자신의 상품을 세상에 꺼내 보는 일, 생산자 프로젝트를 꾸준히

해서 기록을 남기는 일입니다. 그런 연습 과정에서 세상과 소통하고 자신의 생각과 세상의 관심의 교집합을 찾아본다면, 이를 통해 스스로 자기 평가 자기 분석을 할 수 있을 것이고 세상에 대한 관심도 더욱더 높아질 것입니다. 중요한 것은 오늘 소비자로 살지 않고 생산자로 살아가는 것입니다. 이것은 일찍 시작할수록 좋습니다.

그 무엇이든지 기록으로 남기고 표현하는 즐거움을 맛보며 세상과 소통하는 일의 시작, 그것이 바로 미래를 준비하기 위해 아이들에게 제가 해주고 싶은 교육입니다.

생산자로 살아간다면 스스로의 노력을 통해 다양한 기회가 찾아올 수 있다는 것도 경험해 볼 수 있습니다. 그리고 조매끄하다 보면 숫자에 주목하게 될 겁니다. 이 숫자들을 통해 자신의 상품을 분석할 수 있습니다. 그리고 끊임없이 세상과 소통하기 위해 자기 계발하는 자기 자신을 관찰할 수 있습니다. 숫자가 주는 힘에 대해서도 느낄 수가 있습니다.

생산자로 살아간다면 끊임없는 세계의 확장이 뒤따라옵니다. 전혀 생각지도 못한 곳에서 협업 제의가 오기도 하고 네트워킹 작업을 통해서 새로운 세계로 입문할 가능성도 큽니다. 생산자로 살아간다면 자기 스스로 창작하고 생산하기 때문에 타인이 아닌 자기 결정 능력이 생깁니다. 그리고 이것은 미래 사회로 갈수록 점점 더 중요해집니다.

자신의 개성을 공고히 하고 세상과 소통하며 생산품을 만들어내는 것, 초반에는 분명 포기하고 싶을 때가 많을 겁니다. 하지만 조매꾸하다 보면 포기하지 않는 멘탈을 키울 수 있습니다.

오늘 하루 소비자로 살았는지, 생산자로 살았는지 점검할 필요가 있습니다. 세상의 문제에 관심을 가지고 자신의 관심사에 더욱더 몰입하며 자신의 생산품을 어떻게 사람들에게 마케팅할지 공부하게 되는 이런 전 과정을 통해서 아이는 크게 성장할 겁니다.

어릴 적부터 자신의 작품을 글이든, 영상이든, 미술 작품이든 끊임없이 모으고 기록하고 그것을 세상에 알리는 일. 이것은 더 이상 선택이 아닌 필수입니다. 모두 공개로 할 필요는 없습니다. 일부 공개를 하거나 비공개를 해도 괜찮습니다. 중요한 것은 꾸준히 자신의 삶의 생산품을 기록하는 일의 시작입니다. 그리고 이것은 과제가 아닌 삶의 일부로 자연스럽게 일상 안에서 이루어져야 합니다. 빠른 학생들은 초등학생 때 출판사의 선인세를 받고 작가로 데뷔하는 경우도 있습니다. 기업가 정신으로 단단히 무장하는 일, 이것이 바로 생산자 프로젝트의 시작입니다. 더 이상 대학을 가고 취업을 하는 일반적인 루트에서 벗어나 자유롭게 세상과 소통해야 합니다. 국경 없는 교육, 국경 없는 학생, 국경 없는 교사.

교육은 삶 안에서 이루어져야 합니다. 자연스럽게!

2.
습관 코칭, 조매꾸 미라클 모닝

습관 형성, 아이들에게 가장 강조하고 싶었던 부분입니다. 그래서 실시한 게 바로 조매꾸 미라클 모닝입니다. 조매꾸는 '조금씩 매일 꾸준히'의 줄임말입니다. 가장 중요한 건 꾸준함이기 때문에 꾸준함을 강조하는 미라클 모닝으로 아침의 고요를, 새벽의 자기 계발 시간을, 그리고 자기 주도적으로 하루를 설계하는 시간을 가져보게 했습니다. 매일 아침 기분 좋게 일어나는 일, 내일이 기대되게 만드는 일. 가장 중요한 건 삶의 루틴, 습관 형성이라고 생각했기 때문에 조매꾸 정신을 강조했습니다.

"나의 찬란한 하루가 시작되었다."
"나의 희망찬 하루가 시작되었다."

제가 아침마다 외치는 말입니다.

창의적인 아이로, 특기가 확실한 아이로 재능을 일찍 발견할 수 있다면 더욱더 좋겠지만 대부분은 쉽지가 않습니다. 삶을 살아가는 태도에서 아이들에게 강조하고 싶었던 것은 바로 성실함과 근면한 태도로 정직하게 노력하는 일이었습니다. 부모로서 아이들에게 해줄 수 있는 것은 무엇이 있을까요? 바로 본보기가 되어주는 것입니다. 그래서 아이들과 함께 저 또한 조매꾸 미라클 모닝을 하며 하루를 시작했습니다.

그럼 어떻게 관리를 할까요? 바로 구글 시트를 만들어서 가로축은 날짜를, 세로축은 이름을 써서 미라클 모닝한 횟수를 셌습니다. 자동으로 횟수를 셀 수 있게끔 프로그램을 만들어놓았기에, 내림차순으로 정렬을 하면 성실함의 횟수를 온라인에서 편하게 체크할 수 있었습니다.

조금씩! 매일! 꾸준히!

조매꾸 미라클모닝 인증

조금씩 매일 꾸준히 인증 방식 구글 시트 표

가장 좋은 교육은 말이 아닌 행동으로 모범이 되어 본보기가 되는 것입니다. 말로 반복해서 하기보다는 꾸준한 행동으로 아이들의 귀감이 되는 것. 그것이 부모가 해야 할 일이라고 생각했습니다. 의자에 오래 앉아서 몰입할 수 있는 엉덩이 힘을 기르기. 밀도 있는 삶을 살고, 계획적인 생활을 하는 것. 규칙적인 생활은 건강을 유지하는 가장 기본이 되기에 습관 코칭과 조매꾸는 놓치고 싶지 않았습니다.

조매꾸 – 조금씩 매일 꾸준히

아이들은 성향이 달랐습니다. 처음부터 잘 실천하는 아이도 있었고 그렇지 않은 경우도 있었습니다. 하지만 역시 첫술에 배부를 수는 없습니다. 꾸준하게 독려하고 격려하며 아이들에게 자신만의 루틴을 잡고 아침에 일어나면 하루 계획을 다이어리에 쓰는 습관을 갖게 했습니다. 똑같이 주어지는 24시간 안에, 충분히 그 시간을 마음껏 자신의 계획대로 쓸 수 있는 기쁨을 느낄 수 있게 해주었습니다. 아주 작은 조매꾸 습관이 주는 복리의 효과를 알기에, 아이들의 습관 형성은 아빠로서 꼭 해주고 싶은 일이었습니다.

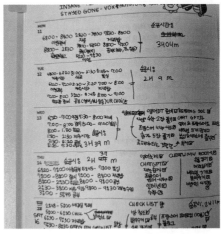

초등 조매꾸 키즈 자녀의 스터디 플래너와 다이어리

여기서 한 가지 중요한 기준이 있습니다. 그것은 바로 해야 하는 일과 하고 싶은 일 사이의 균형입니다. 언제나 해야 하는 일부터 다 끝낸 후에 하고 싶은 일을 하는 자유를 만끽하는 습관을 기르게 하는 것. 이것은 삶에서 정말 중요한 일입니다.

어릴 때일수록 해야 하는 일을 먼저 다 한 다음, 그다음에 하고 싶은 일을 하게 해야 합니다. 아침에 일어나 다이어리를 쓰는 것을 시작으로 해야 하는 일을 체크리스트로 만들어 하나하나 미션을 완수한 후, 홀가분한 마음으로 하고 싶은 일을 하는 기쁨을 느끼게 해주는 것. 이 단순한 습관은 아이를 훌쩍 크게 만들 수 있습니다.

조매꾸 미라클 모닝의 효과에는 또 어떤 것들이 있을까요? 아침의 그 고요함과 몰입감. 아침의 고요한 그 순간에 자신이 진짜 하고 싶은 것을 해내는 즐거움을 느껴본 사람들은 그 맛을 잊을 수가 없을 겁니다. 그리고 함께하는 사람들이 있다면 서로가 최고의 동기 부여가가 됩니다. 에너지는 상승하고 기분 좋게 하루를 시작하게 됩니다. 아침에 일어나 조용한 시간에 자기 명상을 함으로써 스트레스를 해소할 수 있으며 고밀도의 몰입도로 집중력은 향상됩니다.

하루가 바쁘게 돌아가고 있습니다. 지금 이 순간도 어김없이 흘러가고 있습니다. 그런데 자기 자신에게 선물할 수 있는, 온전하게 자기 자신과 만나는 시간은 얼마나 될까요? 그 해답은 바로 조매꾸 미라클 모닝입니다. 삶의 기초를 쌓을 수 있는 소중한 시간, 이 황금 시간을 잡지 않으면 하루가 무너지고 일주일이 무너지고 한 달이 무너질 수 있습니다.

조금씩 매일 꾸준히, 매일 매일 조매꾸하는 삶을 보여주는 것. 그래서 조매꾼이 되는 것. 이것이 아이들에게 물려줄 수 있는 재산이라 생각했습니다. 현재 저는 조매꾸 방을 8개 운영하고 있습니다. 그 안에는 성인을 대상으로 한 조매꾸 미라클 모닝방도 포함입니다. 이것들을 과연 성인만 할 수 있을까요? 아이도 가능합니다. 혹자는 성장기에 아이들 미라클 모닝은 좋지 않다고 말합니다. 중요한 것은 바로 취침 시간입니다. 수면 시간은 늘리고 조기 취침하는 일. 그리고 고요한 아침 시간을 맞이하는 일. 이것이 바로 핵심입니다.

아침에 일찍 일어나 아침 운동을 하고 책을 읽고 기록하고 글을 쓰는 행위들이 반복되면 그 무엇과도 바꿀 수 없는 복리 효과를 가져옵니다.

3.
건강한 신체
건강한 마음의 조화, 지덕체로

아이들에게 가장 중요하다고 생각했던 것은 바로 건강 관리법입니다. 세상에서 가장 중요한 건 건강이라고 수없이 말하고 있지만 정작 학교 교육에서 평생 건강 관리법, 기초 체력 유지하는 방법을 배우기는 쉽지 않습니다. 어떻게 해야 할까요? 자신의 건강 관리 방법은 주변에 있는 사설 체육 학원에 의존할 수만은 없습니다. 생활에 녹아 들어가 본인이 어릴 때부터 자신의 신체와 호흡하고 자신의 몸 상태를 진단하며 체력을 기르기 위한 태도를 길러야 합니다. 단순히 재미 위주의 체육활동으로는 쉽사리 건강을 유지하는 진지한 자세를 얻기 힘들기 때문입니다.

일단, 아이들과 다양한 종목을 시도해 보고 또 어떻게 하면 부모와 자식 간의 서먹서먹함이 일어나지 않는, 오랜 인연을 유지할 수 있는 공통의 취미를 만들 수 있을까를 고민해 봤습니다. 결국 아무리 가족이더라도 공통의 취미가 있으면 더욱더 끈끈해지고, 재미가 더해지면 관계가 깊어짐을 알기 때문입니다.

건강한 신체와 건강한 마음의 조화, 지덕체로

결국 우리 가족이 정한 종목은 마라톤이었습니다. 일단 준비물이 크게 필요치 않고 장소에도 구애받지 않습니다. 전 세계 어디를 가도 쉽게 할 수 있는 것입니다. 거기다 마라톤은 자신의 한계에 도전해 보며 강인한 정신력을 기를 수 있기에 멘탈과 체력, 두 마리 토끼를 다 잡을 수 있습니다. 고통과 희열을 동시에 느낄 수 있으며 마라톤 대회에 나가면 건강한 에너지의 함성과 열정을 그대로 온몸에 마음으로 느낄 수 있습니다. 아이들과 그렇게 일주일에 한 번은 꼭 마라톤을 했습니다. 긴 거리가 아니라 5킬로 러닝으로, 끝나면 맛있는 저녁을 먹는 코스가 가족 문화가 되었습니다.

마라톤은 내가 무엇인가 해낼 수 있다고 믿게 해주는 자기 효능감 신장에도 정말 좋은 운동이며, 평생 함께할 수 있는 운동이기에 지금도 꾸준히 아이들과 마라톤을 뛰고 있습니다. 최근에는 가족런이라고 해서, 3인이 손을 잡고 동시에 들어와야 하는 마라톤 대회 종목이 생겼습니다. 저는 가족들과 합심해서 두 달 동안 가족런 마라톤 프로젝트에 참가 후, 전국 대회에서 수상하는 행운도 얻었습니다. 나아가 마라톤은 성장의 동력입니다. 저는 하프마라톤 목표를 새로 잡았고 아들은 중2 때 10킬로 마라톤에 도전하게 되었습니다. 조매꾸로 마라톤도 하다 보니 조금씩 조금씩 매일 성장함을 느낍니다. 아내와 딸도 5킬로 마라톤을 역시 함께하고 있습니다. 초등학생인 딸은 이제 8킬로미터도 혼자서 뛸 수 있는 체력을 가지게 되었습니다.

"운동은 밥이다."

제가 평상시 자주 외치는 말입니다. 밥 먹듯이 운동을 게을리하지 말 것. 왜냐하면 가장 소중한 건강과 관련된 일이기 때문입니다.

2023 아들딸과 동시에 손잡고 들어와야 하는
안성맞춤 전국 마라톤 대회 가족부 3위

단순 입시가 아닌 평생 교육에서 건강을 어떻게 유지하는가, 어떻게 신체를 단련시키고 또 어떻게 스트레스를 푸는가, 목표를 향해서 어떤 절차적 사고로 한 단계 한 단계 자기 주도적으로 실행하는가, 이런 걸 아는 것이 무엇보다도 중요하다고 생각했습니다.

주말마다 항상 가족들 모두 러닝을 하고, 러닝을 한 후에는 아이들에게 러닝 성찰일지를 기록하게 했습니다. 아이들에게 밥을 먹듯이 매일 운동을 해야 함을 강조했습니다. 운동을 하는 것은 자기 자신을 가장 사랑하는 방법이자 가장 소중하게 여기는 행동이라 생각했기 때문입니다.

세상에서 어쩌면 가장 어려운 일이 건강 관리, 즉 자신의 건강에 시간과 돈을 투자하는 일일 수 있습니다. 눈에 바로 보이지 않는 것이기에 때론 너무 지치고 귀찮고 해야 할 필요성을 느끼지 못할 때가 많을 수 있습니다. 특히 어릴 때는 더더욱 그러하죠. 그래서 저는 나이가 들어 세월의 흔적으로 건강의 중요성을 몸으로 느낄 때가 아닌 어릴 적부터 스스로 건강의 중요성과 건강 관리법을 알려주고 싶었습니다.

"매일 밥을 먹듯이 매일 운동을 해라. 단 무리하지 말고 아주 조금씩, 조매꾸해라." 이것들을 강조하고 싶었습니다. 건강하게 자란 아이들은 체력적으로 강하기 때문에 자신감이 있고, 일상생활에서도 에너지가 넘칩니다. 면역력이 강해 질병에 걸릴 확률도 낮아지고 학교에서도 결석을 하는 경우도 많지 않습니다. 특히 여학생의 경우, 중학생 때 성적이 높다가도 고등학교 때 성적이 안 나오는 경우를 종종 볼 수 있습니다. 여러 가지 원인이 있겠지만 결국 체력 문제가 큰 원인으로 작용합니다. 또한 회복탄력성이 중요합니다. 원하는 결과가 나오지 않았을 때 다시 도전해 보는 용기입니다. 한 번 실패하고 두 번 실패해도 다시 도전하는 멘탈은 그 무엇보다도 삶에서 중요합니다. 마라톤은 그런 점에서 더욱더 정신과 신체를 강인하게 합니다. 나 자신의 한계에 직접 부딪혀 보는 아름다운 활동. 마라톤이라고 해서 진짜로 선수들처럼 빨리 뛰는 것이 아닙니다. 이것은 마라톤에 대한 오해입니다. 실제로 5킬로 마라톤을 나가보면 걷는 분들이 엄청 많은 걸 목격할 수 있습니다. 하지만 걷는 것조차 긍정과 열정의 기운으로 함께 걸었을 때 큰 기쁨과 뿌듯함을 느낄 수 있기에 많은 분들이 참여합니다. 절대 처음부터 빨리 뛰려고 하지 말고 천천히 걷기부터 시작하는 것을 추천합니다.

직장에서도 마라톤 동아리를 만들어 학생들과 함께 뛰어봤습니다. 아이들은 처음에는 뛰는 것에 익숙지 않아 낯설어했지만 언제 그랬냐는 듯이 금방 적응했습니다. 마라톤을 한 후, 러닝 성찰일지를 쓰고 자신의 기록을 점검하기 위해 차트를 그리게 했습니다. 그렇게 한 학기가 끝날 무렵이 되자, 굉장히 놀라운 일이 발생했습니다. 바로 아이들의 기록이 학기 초보다 놀랍게 성장했기 때문입니다. 부모님은 공원을 걷는데 본인은 이제 한 번도 쉬지 않고 뛸 수 있다며 뿌듯해하는 아이들을 보니 저 또한 굉장히 흐뭇했습니다. 사실 마라톤은 유럽 프랑스 학교에 있을 때 자주 목격한 장면이었습니다. 지역 사회에서,

그리고 유·초등학교에서 마라톤은 일상이었습니다. 그것을 저는 한국에 적용하고 싶었습니다. 학생들이 직접 마라톤 동아리 홍보 포스터도 만들어 발표하는 시간도 가져보고 마라톤 동아리 관련 영상도 찍는 시간도 가져봤습니다. 어떤 일이든 재미와 의미가 더해지고 그것이 가치 있는 일이 된다면 흥행은 성공입니다.

마라톤 동아리 학생들이 직접 만든 마라톤 홍보 포스터

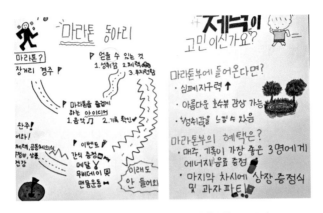

마라톤 동아리 학생들이 직접 만든 마라톤 홍보 포스터

자주 아픈 아이가 되지 않기 위해 무엇보다 신경 써야 할 일은 건강입니다. 한국의 경우 예술이나 체육 부분보다 국어, 영어, 수학, 과학 같은 과목이 학년이 올라갈수록 더욱더 중요시되는 점이 안타까운 점입니다. 체육은 그 무엇보다 중요하기 때문입니다. 어릴 때부터 평생 자신의 건강관리법을 익히고, 자기 몸과 마음의 소중함을 깨닫는 것이야말로 선택이 아닌 필수입니다. 학생들이 마라톤 동아리를 하고 난 후 남긴 소감문은 그야말로 감동의 도가니였습니다. 스스로 견디고 견디어서 자신의 끈기를 시험해 보고 그것을 뛰어넘는 과정을 통해 아이들은 분명 정신적으로 신체적으로 크게 성장했음을 느꼈을 겁니다.

마라톤 동아리 학생이 쓴 마라톤 후 느낌

4.

자유와 책임,

똑똑하게 야단치기

아이 양육에서 가장 중요한 건 학교에서도 집안에서도 자신의 책임과 역할을 다할 때 보상이 따라온다는 것, 그렇지 않을 땐 대가가 따른다는 것을 알려주는 것이었습니다. 이 때문에 기준을 분명하게 두고 아이들이 집안의 구성원으로 본인이 맡은 바 할 일을 할 수 있도록 교육했습니다. 프랑스 부모님처럼 똑똑하게 야단쳤습니다. 자유를 주고, 책임을 다하지 않으면 자유가 사라지는, 어찌 보면 엄격한 교육으로 아이들에게 다가갔습니다.

한국에서는 성인이 되어서야 현실의 냉정함을, 세상의

혹독함을 경험하게 되는 경우가 많이 있습니다. 이 때문에 자영업자분들의 이야기를 들어보면 아르바이트를 하다가 중간에 도망가는 경우부터 시작해서 예전에는 일어나지 않았던 무책임한 일들이 사회 곳곳에서 일어나는 것도 볼 수 있습니다.

왜 그럴까요? 자신이 한 일에 대해 분명 책임을 지고, 본인이 했던 것에 대한 대가를 충분히 치르고, 잘한 행동에 대해서도 충분히 보상받는 일이 필요합니다. 물론 온실 속에서 따뜻하게 지내다가 갑자기 한파가 몰아닥치는 냉기 속으로 아이들을 보내기는 싫은 게 아마도 부모님 마음일 겁니다.

하지만, 자유가 주는 그 기쁨을 만끽하고, 시간의 소중함을 느끼며 감사하는 삶의 태도로 하루하루를 살아가는 것이 중요합니다. 자유는 달콤하되 해야 할 행동을 지키지 않으면 쓰라린 결과만 남긴다는 것을 어릴 적부터 스스로 깨닫게 하고 싶었습니다. 본인이 선택하고 본인이 원해서 다니는 학원의 경우, 만약 게으른 모습이 보이면 어김없이 학원도 바로 끊어 버렸습니다.

혹자는 너무한 거 아닌가, 너무 냉정한 거 아닌가라고 말할 수도 있겠습니다. 그런데 참으로 아이러니하게도 직업 특성상 학원 다니는 아이들을 많이 만나게 되는데, 학원에 빠지기를 대다수가 너무 좋아합니다. 결국 본인이 간절히 원하지 않기 때문에 그런 현상이 일어난다고 생각했습니다. 부모의 욕심과 기대, 또는 불안감 때문에 아이를 학원으로 내모는 것입니다.

서두에서 말했듯이 저는 아이들에게 사회적 성공이나 입시의 좋은 결과를 기대하지 않았습니다. 그저 자신의 선택과 행동이 주는 보상과 책임을 어릴 때부터 습득하고 자기 주도적 삶을 설계해 나가는 태도를 길러주고 싶었습니다. 아이들은 프랑스에서 자랐기 때문에 이런 행동을 큰 거부감 없이 받아들였고, 본인이 한 만큼 본인에게 오는 혜택이 많이 오는 것을 알았기 때문에 그것을 깨닫고 열심히 삶을 살기 시작했습니다.

부모는 최고의 조력자가 되어야 합니다. 그리고 사랑의 쓴소리도 할 줄 알아야 합니다. 세상의 수많은 달콤함에 속아, 아이들은 무엇이 옳고 무엇이 바른 방향인지 헷갈릴 때가 많습니다. 그 중심에서 중립적으로 아이들에게 나침반이 되어주는 일은 바로 부모가 해야 할 일이 아닐까요? 사실 오늘날 학교 현장에서는 이런 진심 어린 조언을 하기 힘든 상황이 많습니다. 아이의 장점을 칭찬해주되 조금 개선해 나가면 좋을 점을 함께 말했을 때 학부모의 반응이 어떨까? "선생님은 내 아이를 잘 모른다."라고 오히려 쓴소리를 듣게 되는 경우를 종종 목격합니다.

한번은 한 선생님께서 어떤 모범적인 생활을 하는 여학생이 학교 규칙을 자주 어기는 남학생과 교제하는 것을 보고, 이성 교제에 대해서 신중하게 잘 생각해 보고 하라는 말을 남긴 적이 있습니다. 그런데, 이 말을 들은 여학생은 남자 친구에게 그대로 전했고 남자 친구는 화가 나 지역에서 함께 어울리는 친구들을 다 데리고 와 선생님을 때리겠다고 한 사건을 목격한 적이 있습니다. 결국 경찰을 불러서 사건은 일단락되었습니다.

누가 우리 자녀에게 진심 어린 조언을 해줄 수 있을까요? 그런 진심 어린 조언을 해줄 교육자를 만난다면 정말 행운이겠지만, 가장 가까운 부모님이 아이와 먼저 관계를 형성하고 아이를 공감해 주는 것과 동시에 아이를 똑똑하게 야단쳐야 합니다.

어떻게 칭찬하고 또 어떻게 야단쳐야 할까요? 자녀가 잘한 일이 있다면 즉각 칭찬해 줘야 합니다. 보상도 즉각적이어야 하며, 구체적인 칭찬이 효과적입니다. 반면 자녀가 실수를 하거나 잘못한 점이 있을 때, 가장 먼저 공감해 줘야 합니다. 선 공감 그리고 후 객관화입니다. 자녀에게 잘못한 점을 차근차근 알려줘야 합니다. 부드럽고 명확하게 야단치는 일이 중요합니다. 감정에 호소하지 않고 부드럽고 명확하게, 항상 일관된 태도를 보여줘야 합니다. 가장 중요한 점은 부모님이 먼저 말하지 않고 아이 스스로 자신의 문제점을 발견하고 개선하려는 태도를 갖게 하는 것, 규칙과 기준을 명확하게 전달하는 일이 중요합니다.

원인과 결과에 대한 피드백, 이것들을 잘 해내면 스스로 자기관리를 할 수 있는 아이로 성장할 수 있습니다. 그리고 모둠 활동을 할 때 일어나는 크고 작은 친구들의 갈등도 슬기롭게 풀어갈 수 있는 갈등 중재자로 거듭날 수 있습니다.

리더십은 결국 자기관리를 정확히 할 수 있는 사람에게서 발휘됩니다. 자기 자신을 제대로 관리하지 못하는 사람이 어떻게 타인을 리드할 수 있을까요? 협업 능력이 뛰어나고 공동작업에서 팀을 이끌어 나가기 위해선 이런 연습 과정이 끊임없이 필요합니다.

아이는 삶의 주인으로 조금씩 매일 꾸준히 성장합니다.

5.
취미 부자 만들어주기

세상에서 가장 중요한 것은 바로 '행복'입니다. 그리고 하루하루 행복하기 살기 위해 중요한 요소는 취미입니다. 보통의 부모라면 아마 같은 마음일 겁니다. 세상의 모든 즐거움을 아이에게 소개해 주고 싶을 겁니다.

저 또한 세상의 모든 기쁨과 체험을 아이에게 선물해 주고 싶었습니다. 특히나 교육열이 심한 한국 부모님들은 공부뿐만 아니라 예체능까지 자녀에게 가르치며 아이들을 멀티플레이어로 키웁니다. 할 줄 아는 게 많으면 인생은 즐겁습니다. 하지만 취미 부자가 되기 위해선 혼자

하는 건 한계가 있습니다. 뒤에 나오는 '아빠가 주도하는 마을 교육 모임'은 이 부분을 완벽히 해소해 주었습니다. 아빠는 한 명이었지만 마을의 아빠들이 모이니 수많은 아빠들이 아이의 선생님이 되어 주었습니다.

아이들과 함께 체험을 할 날이 얼마나 될까요? 빠르면 고등학생 때 아이들이 타지역으로 가게 될 수도 있고, 그러면 불과 16년 정도를 같이 살게 됩니다. 이 안에서 부모와 함께하는 추억으로 아이들은 부모를 기억합니다.

그래서 최대한 여행을 많이 가려고 했습니다. 시간이 흘러가면 흘러갈수록 아이들은 커가고 더 바빠지고, 그래서 아이들과 최대한 많은 체험을 해보려 했습니다. 그리고 혼자서는 한계를 느껴 지역 아빠 모임을 만들어 함께 키우는, 함께 체험하는 모임 프로젝트를 진행했습니다. 이 부분은 뒷부분에서 자세히 소개하기로 하겠습니다.

취미가 많으면 그럼 무엇이 좋을까요? 세상을 살아가

며 가장 중요한 일 중 하나가 있는데, 그건 바로 스트레스를 푸는 방법입니다. 슬럼프는 어김없이 누구에게나 찾아옵니다. 그럴 때 어떻게 그 슬럼프를 극복하는지 아는 사람과 모르는 사람의 차이는 이루 말할 수 없습니다.

취미가 많으면 스트레스를 해소하고 긍정적인 감정을 불러올 수 있습니다. 그리고 다시 삶을 살아갈 원동력을 얻게 됩니다. 직장에서도 일상생활에 만족하는 사람은 일을 할 때도 활력이 넘칩니다. 일과 가정이 따로 있는 게 아니라 모든 것은 연장선에 있습니다. 가정에서, 직장에서 우리는 스트레스 푸는 방법을 반드시 알고 있어야 합니다.

저희 가정은 일단 저부터가 취미 부자이기에 인생의 즐거움이 많았습니다. 탁구, 배드민턴, 축구, 농구, 마라톤 등 대부분의 운동을 좋아하고 라틴 댄스, 살사 댄스, 미술, 연극, 뮤지컬, 영화, 콘서트 등 문화적인 것들을 사랑하며 독서, 글쓰기의 문학적인 파트, 이외에 수많은 국내 여행 및 국외 여행, 다양한 액티비티 체험, 예쁜 독립 서점을 찾아다니는 것, 뷰와 맛집 카페를 찾아다니는 것, 축구 직관 가는 것, 등산하는 것, 사람들을 인터뷰하며 유튜브 크리에이터로 활동하는 것 등 정말 많은 취미를 가지고 있습니다. 삶은 이러한 다양한 취미로 꽉 채워지고 있습니다. 연극부 활동, 밴드부 활동, 영화 보조 출연, 아르바이트 10개 이상 등 수많은 경험과 에피소드들은 다양한 이야기들을 풀어내며 모든 것들을 또 연결시킵니다. 사고는 확장되고 즐거움의 인연은 새롭게 찾아옵니다. 취미방도 프랑스와 축구를 컨셉으로 프랑스 축구 방으로 꾸며놨습니다. 저만의 힐링 공간입니다.

프랑스 축구로 취미방 꾸미기

여러 가지 다양한 취미는 많은 사람들과 교류할 수 있

---

2) 덕후: 한 가지에 깊게 빠져든 사람을 일컫는 신조어
3) 본캐: 자신이 주로 하는 일이라는 뜻을 가진 신조어
4) 부캐: 자신이 부차적으로 하는 일이라는 뜻을 가진 신조어

게 하고 이것은 인적 네트워크를 넓힙니다. 인적 네트워크가 넓어지면 풍부한 이야기들이 오가고, 다채로운 직업군 속에서 생각의 범위가 넓어집니다. 나아가 창의력도 발생시킵니다. 같은 집단의 사람들끼리만 이야기했을 때 돌고 도는 이야기들 속에 지루함을 느껴 본 적이 있을 겁니다. 다양한 취미는 일상을 재밌게 만들어줍니다.

취미는 때로 자아실현의 매개체가 됩니다. 취미였다가 어느새 덕후[2]가 되고 나아가 그것들을 정말 열심히 하게 되면서 어느새 전문가가 되어 있는 사람들이 많이 있습니다. 본캐[3]가 아닌 부캐[4]로 새로운 수입을 창출할 수도 있고 새로운 인생을 개척할 수도 있습니다. 이와 같은 다양한 취미를 가졌을 때의 장점은 무엇보다 자기 만족감을 증대시켜 준다는 겁니다.

몰입과 흥미, 취미는 삶을 풍요롭게 해줍니다. 그래서 저는 자녀들에게 최대한 많은 체험 학습을 시켜주려고 노력했습니다. 혼자만이 아닌 내 아이에게 부모님이

100명이 있다면 아이는 어떻게 자랄까? 이런 것을 생각했습니다.

체험 학습으로 크는 아이는 삶을 다양하게 이해할 수 있게 되고, 사고의 폭이 넓어지며, 인식의 틀이 확장되어 세계를 품 안에 넣습니다. 국내로 한정하는 게 아닌 외국인들과 교류도 시작하게 되고 글로벌한 인생을 계획하게 됩니다.

취미 부자는 인생을 보다 풍요롭게 만들어줍니다.

6.
위대한 영웅과 무료로
대화하는 방법

　어릴 적, 저의 아버지는 너무 바쁘셨습니다. 그런데 아버지가 해주신 단 하나의 교육법이 있었습니다. 바로 독서록 발표대회입니다. 독서록 노트에 연초부터 독서록을 기록하다가 연말이면 가족들이 자신이 쓴 독서록 중 가장 인상 깊었던 것을 발표했습니다. 그리고 아버지는 상금을 주셨습니다. 정말 단순했지만 그것은 하나의 가족 문화였고, 초1 때부터 중학교를 마칠 때까지 계속하자 저는 어느덧 글과 책을 애정하는 사람이 되어 있었습니다. 중고등학교 때는 문학 소년이란 별명으로 책을 읽고 또 글을 쓰는 걸 좋아하는 아이로 자랐습니다. 도서관에 있는 책을 다 읽어버리고 싶었던 고등학교 시절이었습니다.

독서의 중요성은 아무리 강조해도 지나치지 않습니다. 최근에는 에듀테크 관련 독서 프로그램도 정말 많이 나왔습니다. 사람들은 다른 사람의 이야기에 궁금해하고, 그 사람의 이야기를 듣고 싶어 합니다. 물론 대한민국 평균 성인 독서량이 정말 적다는 거, 사람들은 책을 별로 읽지 않는다는 것도 사실입니다. 하지만 위대한 영웅과 이전에 살았던 사람들의 생각을 엿볼 수 있는, 그 사람의 생각을 정말 적은 금액으로 알 수 있는 독서라는 방법은 돈으로 가치를 따지면 아마 환산 불가할 것입니다. 책을 통해 지식과 정보를 얻는 것은 물론이고, 재미와 감동을 느끼기도 하며, 책에서 읽은 다른 사람의 삶을 통해 교훈을 얻고 삶의 나침반으로 삼을 수 있게 되기도 합니다. 독서가 글쓰기로 이어진다면 가장 가까운 진실의 나와 마주하고 대화하며 삶을 성찰하는 메타인지[5]의 세계

---

5) 메타인지: 자신의 인지 과정에 대하여 한 차원 높은 시각에서 관찰, 발견, 통제하는 정신 작용

로 접어들어 한층 더 성장할 수 있을 것입니다. 기록하는 일, 그리고 다른 세계를 들여다보는 일, 관찰하는 일, 글로 표현하는 일은 무엇보다 가치 있는 일입니다.

일주일에 한 편, 아이들에게 독서록을 쓰게 하고, 일주일에 한 번 5킬로 이상 달리기를 하게 하고, 이것이 제가 아이들에게 준 최소한의 숙제입니다. 매주 가족 독서 모임을 한 적도 있습니다. 주말이면 가족들이 한 주 동안 읽었던 책에 대한 느낌을 말하고 서로 질문하고 답하는 시간을 가졌습니다. 하브루타 교육에서 강조하는 질문을 찾아내고 질문을 공유하며 서로의 다른 생각을 들어보고 의견을 나누는 의미 있는 시간이었습니다.

누군가 최고의 자기 계발은 독서라고 말합니다. 오늘날 수많은 독서 모임이 이루어지고 있는 건 시대가 변하지 않아도 관통하는 본질적 깨달음, 독서의 힘을 많은 사람들이 알기 때문입니다. 독서는 무료로 성인들 그리고 천재들과 대화할 수 있는 가장 가성비 좋은 방법입니다.

저는 인간을 성장하게 하는 가장 기본적이고 본질적인 것이 독서와 글쓰기라고 생각했습니다. 서점에 가면 최근 트렌드를 알 수 있고, 깊이 있게 사색하는 다른 사람의 생각을 엿볼 수 있고, 내가 경험하지 못한 또 다른 세계를 마음껏 여행할 수 있습니다. 아이들에게 한 권의 책 안에 있는 작가의 생각들을 잠시 훔쳐보며 나만의 글로 재해석하는 기쁨을 느끼게 해주고 싶었습니다.

단편적인 지식이 아닌 삶을 통찰하는 내용의 책들이야말로 최고의 교과서인 것입니다. 과거의 인물부터 최근의 인물들까지 그들의 삶과 그들의 생각, 그리고 그들이 행동한 일들을 조용히 따라가다 보면 어느새 그들과 함께 대화하고 있는 자신을 발견할 수 있을 것입니다. 책이라는 것은 단순히 인터넷에서 검색해서 알 수 있는 내용과는 큰 차이가 있습니다. 그 경험과 가치관, 깊이가 다릅니다. 다양한 작가들의 책들을 살펴보며 함께 느끼고 공감하고 때로는 비판적으로 사고하는 과정을 통해 한 뼘 한 뼘 자랄 수 있는 것입니다.

그래서 집을 구할 때, 이사를 할 때 제가 원하는 조건은 단 두 가지였습니다. 첫째, 도서관이 옆에 있을 것. 둘째, 체육공원이 옆에 있을 것. 다행히도 그 두 가지 조건에 맞는 집을 구해 아이들에게 지덕체의 중요성을 강조하며 하루하루를 살아가고 있습니다. 그리고 반드시 책을 읽은 후 기록하게 해서 자신의 기록을 살필 수 있도록 했습니다.

기록하는 삶으로의 초대는 결국엔 메타인지, 자신이 스스로 삶을 성찰하며 자신을 분석하고 세상과 대화할 수 있는 힘을 길러주는 것입니다. 독서와 글쓰기는 시대가 아무리 변해도 그 중요성이 변하지 않을 성찰의 무기입니다. 아무리 인공지능이 발달한다 할지라도 그 안에 '나'라는, 그 어디에도 없는 개성을 가진 한 사람으로 세상을 멋지게 살아가기 위해서는 기록하는 삶, 그리고 철학으로 하루를 걷는 태도가 필요합니다.

독서를 하면 흔히 지식을 습득할 수 있고 언어 능력이

향상될 수 있다고 말합니다. 하지만 오늘날 독서를 해야 하는 진짜 이유는 독서가 삶의 방향을 알려주는 최고의 선장이기 때문입니다. 오늘날에 가장 강조되는 능력은 무엇일까요? 바로 글쓰기 능력이고 이것은 SNS에서도 적용됩니다. 글쓰기가 영상 만들기, 음악 만들기, 이런 것들과 결합된다면 금상첨화겠죠. 중요한 것은 가장 뿌리, 즉 가장 기본은 글쓰기에서 시작한다는 겁니다. 누가 더 개성 있는 창의적인 생각으로 아이디어를 내서 구체화시키는지, 사교육만으로는 해결할 수 없는 영역입니다.

누군가는 독서를 많이 하면 인생의 후회를 줄이는 현명한 선택을 할 수 있다고 말합니다. 독서를 하는 이유는 저마다 다를 겁니다. 독서와 글쓰기의 비중도 사람마다 그 가치관이 다릅니다. 누군가는 감정의 위로를 받기 위해서, 힐링을 하기 위해서 독서를 하기도 하고 누군가는 집중력 향상을 위해서, 또는 재미를 위해서 독서를 하기도 합니다.

세상을 살아가면서 가장 중요한 것 중 하나는 '멘탈'입니다. 저는 그 무엇보다도 마음의 근육을 키우기 위해서, 다른 그 어떤 이유보다도 멘탈을 키우기 위해서 독서를 해야 하며 그것이 글쓰기로 이어져야 함을 강조합니다.

글을 쓰면 어떤 장점들이 있을까요? 그림이든 춤이든 연극이든 어떤 것으로든 자기 자신을 잘 표현할 줄 아는 사람이 될 수 있습니다. 이는 자기표현의 수단이기도 하면서 아이디어를 정리할 수도 있게 해줍니다. 또 자기 성찰의 기본으로 자기 성장의 밑거름이 됩니다. 글쓰기를 통해 명확한 자기 분석을 할 수 있고, 또 공개적인 글쓰기를 한다면 명확한 표현력을 기를 수 있으며, 이를 통해 대중들의 공감을 받을 수 있습니다. 물론 표현력을 기르지 못한 초기에는 질타를 받을지도 모르나, 이 또한 훈련이라 생각할 수 있습니다. 소통의 도구로 글쓰기는 필수이며 글쓰기에서 책 쓰기로 나아간다면 자신을 퍼스널 브랜딩[6]할 수 있는 최고의 도구를 장착하게 됩니다.

---

6) 퍼스널 브랜딩: 자신을 브랜드화하여 특정 분야에 대해서 먼저 자신을 떠올릴 수 있도록 만드는 과정

세상에 수많은 책들이 있습니다. 쏟아져 나오는 책들, 그럼에도 불구하고 대한민국의 연평균 독서량은 현저하게 낮습니다. 이 말은 무엇을 의미할까요? 진입장벽이 낮다는 겁니다. 다독하는 사람들, 정독하는 사람들이 적기 때문에 다독가가 되는 순간 남들보다 우선순위를 미리 차지할 수 있습니다. 다독가가 되어 깊이 사색하고 글을 쓰고 그것들을 발행해 나간다면 이미 경쟁력에서 앞서 나가기 시작하는 겁니다.

기록하는 삶은 자기 계발의 필수 조건입니다.

읽는 삶, 기록하는 삶은 아름답습니다.

그래서 저는 아이들에게 독서와 글쓰기의 생활화를 강조했습니다.

7.
글로벌 인재 육성 프로그램,
조매꾸 꿈런스쿨

어느덧 조금씩 매일 꾸준히, 조매꾸 크루원들이 늘어났습니다. 전국에 조매꾸 정신으로 함께하려는 많은 분들을 보았습니다. 오늘날의 학교 교육에서 채워줄 수 없는, 제가 생각하는 지덕체의 조화를 추구하는 교육, 바로 이 교육을 위해 만든 것이 꿈런스쿨입니다. 꿈꾸고 배우고 달리고 글 쓰고. 전국에 있는 수많은 학생들 중에서 스터디 플래너를 열심히 쓰며 자기 삶을 계획하고 일주일에 독서록을 한 권 이상 쓰며, 일주일에 러닝을 2킬로 이상 하는 것을 목표로 하는 꿈런스쿨 아이들을 모았습니다.

아이들에게 무엇이 가장 중요할까요? 건강한 성인으로 성장하는 데 있어서 가장 중요한 건 건강한 마음과 건강한 체력의 조화, 바로 지덕체로입니다.

자기 삶의 주인이 되어 스스로 삶의 리더가 되는 아이들. 꿈런스쿨은 이 아이들의 꿈을 응원하는 프로젝트입니다. 꿈런스쿨을 통해 아이들의 꿈을 연결하며 꿈런스쿨 아이들끼리 연대감으로 똘똘 뭉쳐 새로운 프로젝트를 진행하기도 합니다.

전국 각지에서 정말 멋진 학생들이 모였고 현재는 꿈런스쿨 아이들과 오늘을 기록하고 내일을 꿈꾸며 함께 살아가고 있습니다. 학교 현장에서 하는 교육에서 더 나아가 전국, 세계의 아이들과 함께 오늘날의 화랑도와 같은 조매꾸 꿈런스쿨 아이들이 되는 것을 꿈꾸고 있습니다. 이 아이들이 자기 주도 학습을 하며 건강한 정신, 건강한 신체를 가꿀 수 있도록, 그렇게 그들이 글로벌 인재로 나아가는 데 도움을 주고 싶었습니다.

자녀가 어떤 인재로 자라나길 꿈꾸시나요? 건강한 체력을 가지고 독서를 게을리하지 않으며 독서록을 꾸준히 쓰는 아이, 그리고 자신의 오늘의 계획과 주간 계획, 월간 계획, 연간 계획, 더 나아가 5년 후, 10년 후의 찬란한 미래를 꿈꾸고 그리는 학생들. 자신의 소신대로, 자신의 선택과 행동에 따라 인생을 멋지게 개척해 나가는 기업가 정신을 가진 아이들. 그런 아이들이 된다면 부모로서 정말 기쁠 것입니다.

프랑스와 필리핀 파견 교사 시절, 그때 경험했던 많은 교육적 경험과 방법들을 이 아이들에게 나누어주고 있습니다. 국경 없는 교사, 국경 없는 교육, 교육의 경계를 허물고 교육 나눔을 실천했습니다. 앞으로의 학교는 기존의 전통적인 학교라는 테두리를 넘어서서 온라인으로 나아갈 것입니다. 그렇기에 자신과 함께 꿈을 키워 나갈 수 있는 온라인 학교가 상호보완적으로 함께 나아가야 합니다.

'모든 경계에는 꽃이 핀다'라는 함민복 시인의 시집 제목처럼 지역과 지역, 나아가 다문화와 세계 시민 사회는 연결될 것입니다. 그렇기에 어릴 적부터 전국의 또래들과 집단을 형성하여 가치 있는 일에, 의미 있는 일에 동참하고 협력하는 정신을 키워주어야 합니다. 이러한 교육을 할 수 있도록 안내하고 도움 주는 조력자가 되는 것. 이것이 바로 제가 하고 싶었던 것 중 하나입니다.

내 자녀뿐 아니라 타인의 자녀까지 보듬어 줄 수 있는 따뜻한 마음을 가지고 한국의 글로벌 미래 인재를 육성하기 위해 꿈런스쿨 아이들과 함께 조매꾸 정신으로 매일 매일 조금씩 성장해 나가고 있습니다.

3부

내 자녀에게
무한 경험을
가져다주는
아빠 모임

1.
아빠 모임,
어떻게 만든 건가요?

먼저 아빠 모임은 아빠만 하는 게 아닙니다. 아빠와 엄마가 함께 공동 육아하는 것, 가족 공동체가 함께하는 것을 지향합니다. 저는 과거, 교육부에서 진행한 프랑스 국제중학교 해외 파견 교사로 근무하였고, 프랑스에서 아이들과 3년을 살다 다시 한국으로 복귀했습니다. 한국으로 오니 첫째는 초5, 둘째는 초3이 되었습니다. 한국과 참 많이 달랐던 프랑스 문화. 다시 한국으로 온 아이들에게 아빠가 해줄 수 있는 건 무엇이 있을까? 생각해 봤습니다.

프랑스에서 살다 보니, 세상에서 가장 중요한 건 자녀들의 교육이라는 것을 깨닫게 되었습니다. 이를 통해 한국에 와서도 아빠들이 육아 및 교육에 관해 이야기할 수 있는 모임을 찾았지만, 어려움을 겪었습니다. 그래서 육아와 아이들의 진로를 편하게 할 수 있는 아빠 모임이 필요하다고 생각했습니다.

길어봐야 20년, 자녀와 함께하는 짧은 시간에 후회를 줄이고 싶었고, 한 시대를 같이 살아가는 아빠라는 공통점으로 아이를 키우면서 겪는 고민을 함께 나누기 위해 결국 아빠 모임을 직접 만들게 되었습니다. 가족 중심적인 삶을 지향하는, 가까운 곳에 사는 아빠들이 자녀들의 육아 및 교육에 관한 대화의 장을 여는 것이 첫 목표였습니다. 나아가 자녀들이 건전하고 건강하게 성장할 수 있게끔 다양한 프로그램을 마련하여 자녀들의 지덕체 함양 및 올바른 진로 탐색에 도움을 주는 계기를 마련하는 것, 그리고 함께 살아가는 지역 공동체 정신을 가지고 지역에 선한 영향력을 행사하는 게 궁극적인 목표였습니다.

프랑스에서 느꼈던 가족 중심주의, 그리고 다양한 경험을 시켜주는 양육 방법을 한국에 적용하려면 어떻게 해야 할까? 이에 대한 고민을 많이 해봤습니다. 인생에 처음으로 맞이하는 아빠라는 역할, 다들 실수를 줄이고 싶은 마음이 있습니다. 실수를 줄이려면 서로 나누며 그 방법을 함께 교류해야 합니다. 그렇게 아이 혼자 크는 것이 아닌 가족과 아이가 함께 자라는, 건강한 신체와 건강한 마음의 조화를 이루는 지덕체로 아이를 키울 방법을 고민하며, 그것을 나누는 방법은 무엇이 있을까 고민했습니다.

결국 한정된 저의 시간과 능력 등 여러 가지 이유를 통해 아빠 모임을 만들게 되었습니다. 학교나 학원이 아이들에게 못 해주는 것들이 많습니다. 하지만 주위를 둘러보면 그런 것들을 할 수 있는 단체나 전문가들, 능력자들이 넘쳐난다는 걸 잘 알고 있었습니다. 저는 그들이 평상시 직장에서, 또는 취미 생활에서 잘하는 것들을 모아 함께 교류하기만 한다면 엄청난 재능 나눔이 될 것이며, 이를 통해 선한 영향력의 퍼레이드가 생겨날 것이라고 믿고 있었습니다.

뿌리 깊은 모임 조매꾸 꿈런쌤의 동탄 아빠 모임 설립

가장 처음에는 제가 살고 있는 동탄2 신도시, 아빠와 관련된 키워드로 카페를 검색해 봤습니다. 7개 이상이 있었지만 거의 다 활동이 멈춘 유령 카페였습니다. 대규모 인원의 커뮤니티와 소수지만 강한 응집력을 보이는 커뮤니티 중, 제가 선택한 건 카카오톡 오픈 채팅방이었습니다.

모두가 참여하는 모임을 만들고 싶었고 프리미엄보다 편리미엄, 즉 편리한 게 한국 사람들에게 가장 좋다고 생각했기 때문이었습니다. 초반에는 모임의 목적과 타깃층을 설정하고 가장 측근이었던 오랫동안 풋살을 해온 동료들을 조력자로 초청했습니다. 아쉽게도 조력자들은 "이게 되겠어?"라고 반문했고 처음 들어오신 회원분도 비슷한 커뮤니티가 있었지만 금방 망했다고 쉽지 않을 거라고 말씀해 주셨습니다. 하지만 저는 주변의 싸늘한 반응에도 아랑곳하지 않았습니다. 신념이 있었고 열정이 있었고, 그리고 제가 하는 일이 분명 가치 있는 일이라고 생각했기 때문입니다. 그리고 이것이 나의 가족만이 아닌 우리 지역, 우리 사회에 보탬이 될 수 있는 일이라고 생각했습니다.

일단 지역에서 가장 큰 부동산 카페에 한 아빠가 육아와 교육에 주도성 있게 참여하는 모임을 만든다고 글을 올렸습니다. 와우, 사람들의 넘쳐나는 쪽지! 사람들의 갈증과 니즈를 정확히 공략했음을 파악했습니다. 저와 같은 처지와 생각을 하는 사람들이 많다는 것을 알고 기뻤습니다. 하지만 초반에 대거 회원이 유입이 되면 아직 자리를 잡지 않은 배에 수많은 선장과 선원이 타게 되고, 결국 배는 침몰할 것을 알기에 기간을 정해두고 한 주에 한두 명씩 회원을 받았습니다.

일단 안정화된 시스템을 갖추는 게 먼저였습니다. 어

떤 분은 한 달 뒤에나 들어올 수 있다는 쪽지를 받고 무시했고 어떤 분은 한 달을 기다린 후에 또는 두 달을 기다린 후에 다시 연락을 주셔서 오신 분도 있었습니다. 결국 그렇게 한 명 한 명 인원을 받으며 동탄 아빠 모임을 만들어 갔습니다. 카카오톡 채팅의 장점도 있지만 단점도 있습니다. 바로 눈팅[7]만 하고 가는 사람들입니다.

초반에 이런 문제를 어떻게 해결할까 고민을 하다 결국 1인 1역할 시스템을 만들었고 참여하지 않는 분들은 주간 카톡 채팅 수 랭킹을 매겨 기준 조건 이유를 말씀드리고 강퇴시켰습니다. 열심히 참여할 사람, 누군가에게 자신의 재능을 나누어 줄 마음이 있는 사람, 자신의 자녀뿐 아니라 타인의 자녀까지 품을 수 있는 사람, 그런 분들로 꼭꼭 채우고 싶었습니다. 매일 매일 카카오톡 채팅창을 보며 모니터링하는 저도 힘들었습니다. 하지만 어떤 일이든지 초반 석 달까지 100일 동안은 최선을 해야 한다는

---

7) 눈팅: 구경만 하다 간다는 뜻의 신조어

걸 알고 있기에 최선을 다하기로 마음먹었습니다.

어느덧 순풍이 돌았습니다. 아빠 모임에는 진짜 멋진 분들이 나타났습니다. 조력자들이 점점 저를 도와주었고, 또 다양한 직종의 사람들이 만나니 다양한 소재거리, 넘쳐나는 새로운 세계에 대한 이야기가 사람들의 반응으로 터져 나왔습니다. 사람들은 재밌어했습니다. 어떤 일이든지 재미와 의미가 합쳐지면 터지는 법. 그게 올바른 방향이면 더더욱 그렇습니다.

재미와 의미가 더해지자 우린 더욱 가치 있는 일을 하기 시작했습니다. 동탄 아빠 모임, 어떻게 하면 이 많은 사람들의 신뢰를 얻을 수 있을까? 고민하고 고민하다 결국 주말에 제가 먼저 재능 기부 형식으로 일일 강좌를 열었습니다. 아이들에게 내가 할 수 있는 영역을 가르치고 함께했습니다. 아빠들과 서로의 고충과 고민을 듣고 육아와 교육에 대해 이야기했습니다. 힘들었지만 보람 있었고 재밌었습니다. 아빠들은 긍정적인 모임 후기를 남겨주셨고 모임에 대한 결속력은 더 커졌으며 더욱 적극적으로 참여해 주셨습니다. 다음으로는 아내와 자녀들, 각 가족의 취미를 조사하고 재능 기부할 수 있는 것들을 모았습니다.

동아모 성의선(참치파파)님 가족

공통된 관심사로 아빠 모임 초석을 다지다

서로의 공통점을 발견하고 또 다른 점을 찾아보려고 애썼던 시기입니다. 회원들의 고향 조사도 이루어졌습니다. 세상에 쉬운 일이 어디 있으랴, 하지만 자녀를 위한다는 공통의 마음을 가진 아빠들이 모여 함께하니 모임은 점차 안정화되고 활발해졌습니다.

열정 가득한 아빠들, 순도 높은 아빠들로 모임은 채워지고 있었습니다. 직종도 정말 다양했습니다. 자동차 업계, 베이킹, 커피 전문, 대기업, 세무 회계, 교육계, 체육계, 자영업자 등 정말 다양한 관심사로 꽉꽉 채워진 구성원들로 모임이 꾸려졌습니다. 제가 먼저 재능 기부를 하니 한 명 두 명 마음의 문을 열기 시작했습니다. 무료로 본인의 재능을 나누어주겠다는 분들이 나타나 주셨습니다.

그리고 혼자 이끌었던 채팅방에서 비공식 카페를 열게 되었고, 카페를 운영해줄 운영진분들도 설득과 설득 끝에 모집할 수 있었습니다. 그 어느 팀보다도 최고의 팀웍을 보여주었던 1기 운영진들을 소개해봅니다. 철인 3종 경기 마라톤 전사 철인 한쓰님, 캠핑의 달인 캠퍼 에보님, 언어의 마술사 디자인 담당 구어님, IT 능력자 잇보이 충쓰님, 매너 끝판왕 젠틀 위너님과 열심히 일했습니다. 이분들은 개국 공신들입니다. 오픈 채팅방을 리드하는 구어님, 네이버 카페와 각종 it 업무를 담당하는 충쓰님, 오프라인 모임의 절대강자 캠핑의 달인 에보님, 마라톤 전사 동탄 아빠 모임(동아모) 체력 담당 철인 한쓰님, 세상 그 누구보다 젠틀한 태권도 관장님인 위너님이 도와주니 동아모는 순풍을 달았습니다.

이제 보다 더 체계적이고 보다 더 실질적인 체험 프로그램과 교육이 이루어질 수 있도록 매일 매일 끊이지 않는 회의를 진행했습니다. 우리들의 육아, 교육에 관한 토론이 이어졌고 그 모습은 참으로 아름다웠습니다. 아빠들이 육아와 교육 아이들 이야기를 하는 모임을 만들고 싶었는데 성공한 것입니다.

자발적으로 모였다는 점, 모임의 의도가 순수했다는 점, 재밌다는 점, 보람 있다는 점. 장점이 끝도 없었습니다. 초반에 저를 사기꾼이라고 의심하는 사람도 많았습니다. 도대체 왜 이런 희생과 열정으로 이런 모임을 만들었는지 의구심을 품는 사람들. 그리고 과연 이러한 모임이 잘 유지될까 도리도리 고개를 돌렸던 분들. 하지만 그랬던 분들조차 어느새 자연스럽게 녹아들어 지금은 그 누구보다 열심히 활동하고 있습니다.

2021년 9월 5일 자녀를 사랑하는 마음으로 만든 동탄 아빠 모임 '동아모'는 가족 봉사, 아이들과 함께하는 백패킹, 등산, 마라톤, 직업 체험, 자체 체육대회, 재능 기부 특강, 기업 방문, 북콘서트, 베이킹 클래스 등 수많은 활동들을 이어나가고 있습니다. 캠핑을 가도 가족 단위로 70명이 넘는 가족들이 참여하고 마라톤 대회도 50명이 넘게 어린아이를 유모차에 태워서까지 참여하는 등, 지덕체를 갖춘 아이로 성장시키기 위해서 지금 이 순간도 아빠들이 고군분투하고 있습니다. 교육은 결국 연결되어야 합니다. 학교, 지역, 전국, 세계. 그리고 가장 가까이인 우리 주변에서부터 교육은 삶과 동시에 시작되어야 합니다.

⬛ 동아모(자녀를 사랑하는 마음으로 만듦)

2021.09.05(일)

자녀를 사랑하는 마음으로 만든 '동탄 아빠 모임'

   그리고 초반에 가장 중요했던 또 한 가지는 바로 엄마들에게 인정받는 거였습니다. 아빠 모임이라고 하면 혹시 그걸 핑계로 음주를 일삼거나 아빠들만의 취미 활동을 위해 만든 모임이 아닌가 하는 의견들도 있었습니다. 어떻게 할까 고민하다가 모임을 만든 목적과 이유, 그리고 활동들을 정리해서 양희은, 서경석의 여성시대에 올렸고 결국 그 글들이 채택되어 두 번 방송이 되었습니다.

   다음은 여성시대에 올린 글 전문입니다.

여성시대에 동아모가 방송됨

이 글은 MBC 라디오 '여성시대 양희은, 서경석입니다'에 방송됨.(2021.12.17)

안녕하세요. 저는 동탄2신도시에 살고 있는 동아모 방장 '쌀뤼' '김병수'라고 해요.

쌀뤼가 뭐냐고요? 프랑스어로 '안녕'이란 뜻이에요. 여러분, 쌀뤼 쌀뤼. ^^ 제가 오늘 여러분들에게 특별한 모임 바로 '동탄 아빠 모임', 줄여서 '동아모'를 소개하고 싶어서 이렇게 글을 썼어요.

사실 제가 프랑스에 살다가 한국에 온 지 1년 되었는데요. 한국에 와보니 대부분 엄마들이 자녀에 관한 이야기를 주로 하고 있는 걸 발견했어요. 저도 수찬이와 수연이, 아들딸을 키우는 아빠 입장에서 삶에서 가장 중요한 게 뭘지 생각하다가 바로 '동탄 아빠 모임'을 만들었어요.

삶에서 가장 중요한 건 뭘까요? 바로 가족, 그 가족 중에서도 자녀들의 이야기를 하는 모임이 동아모랍니다. 부모의 역할이 무엇일지, 어떻게 하면 아이들을 행복하게 자랄 수 있도록 도움을 줄 수 있을지, 순간순간이 참 어려웠어요. 연습이란 존재하지 않는, 바로 실전으로 투입해야 하는 이번 생애 '아빠'라는 첫 경험. 처음으로 아빠가 되었을 때, 처음 아이를 안았을 때가 생각이 나요. 그 행복감. 전국에 계신, 아니 세계에 계신 파파님들 다 공감하시죠? 그런데 아이를 키우면서 겪는 계속되는 고민과 선택 장애들.

생각해 보면 부모가 아이들과 함께할 시간은 그리 길지 않다는 생각이 들었어요. 길어봐야 20년쯤? 실수를 줄이고 싶었고 자녀를 키우는 데 후회를 줄이고 싶었어요. 메타버스[8] 시대에, 집단 지성의 정보가 필요한 이 시대에 서로 간의 재능 나눔 및 선한 영향력으로 아이를 키우는 공간을 만들고 싶었습니다. 따뜻한 말 한마디의 위로와 지지, 더불어 아빠들의 건강한 놀이터로써도 자리하고 싶었습니다. 자녀 양육 최전방에 서 있는 아빠들, 그런데 서점에 가도 엄마들 책은 많은데 아빠들 책은 많이 없더라고요.

맘카페는 많은데, 아빠 카페는 있기는 해도 왕성한 활동을 보이지 않았고요. 그래서 제가 직접 방장이 되어서 동탄 아빠 모임을 만들어봤어요. 진입 장벽이 높으며 희소성이 있는 특별한 모임을 만들고 싶었기에 처음부터 소수로 시작을 했고요.

모임에 들어온다는 사람들의 쪽지가 넘쳐났지만 뿌리가 깊은 모임, 회원 모두가 참여하는 모임을 만들고 싶었기에 회원 수에 제한을 두었어요. 어떻게 되었냐고요? 완전 대박! 얼마 전

_____

8) 메타버스: 웹상에서 아바타를 이용하여 사회, 경제, 문화적 활동을 하는 따위처럼 가상 세계와 현실 세계의 경계가 허물어지는 것을 이르는 말

100일을 맞이했는데 다양한 분야에 존재하는 회원분들이 육아, 교육 정보, 나들이 등의 정보 나눔을 하고 있습니다. 그리고 0세부터 고3까지 자녀들이 있기 때문에 기저귀부터 고3 입시까지, 또 사춘기 자녀의 성교육 관련 문제까지 다양한 Q&A를 서로 주고받아요. 이제 이곳은 아빠들의 건강한 놀이터가 되었어요. 아내들이 지지해 주는 모임이 바로 동아모랍니다.^^ 이 안에 아빠들의 추억 깃든 향수와 자녀에 대한 사랑 듬뿍 담긴 이야기로,때로는 자녀를 키우며 겪는 고민까지 한데 어우러져 매일 매일 이야기 파티는 흥행 중이에요.

과거와 현재, 그리고 미래까지 이어지는 연결 고리. 아빠들은 자녀 양육 백신을 맞은 적이 없지만 서로가 서로에게 디딤돌이 되어주고 있어요. 같이 마라톤도 하고 풋살도 하고 탁구도 치고 또 자녀와 함께 파티룸에서 원데이 클래스, 저희 집에서는 아빠와 자녀가 함께하는 국어, 산수, 미술, 체육 시간도 가져봤어요. 자녀와 함께하는 언어 공부, 아빠들의 턱걸이 챌린지, 게다가 이번 크리스마스에는 서로 잘 모르지만 아날로그 감성으로 아이들이 서로 크리스마스카드 교환하기 이벤트까지 진행되고 있어요.

하루에 한 번 아내와 자녀에게 좋은 말을 실천하는 원데이 원굿 챌린지도 진행하고 있어요. 표현을 잘 못 했던 저에게 아내가 요즘 사랑꾼이 돼가는 것 같다고 칭찬하더군요. 바로 동아모 덕분이에요. 세컨하우스⁹⁾ 벙개¹⁰⁾도 하고 자녀들과 함께 뮤지컬 공연도 보고, 베이킹 클래스도 하고 동아모를 통해 아이들은 많은 친구도 사귀었어요. 이 모든 게 무료라는 거. 서로의 선한 영향력이 재능 나눔으로 다 이어지고 있다는 것이 정말 놀라울 따름이에요.

생각해 봤어요. 아빠와 단둘이 여행 간 기억을 떠올려 봤어요. 본래 사람은 추억을 먹고 사는 동물이기에 행복하고 아름다운 추억을 가족에게 선물해 주고 싶었습니다. 그러려면 남자들만의 문화가 아닌 가족 중심의 건강한 문화를 만드는 일이 필요했습니다. 서로의 재능 나눔이 날개를 펼쳤고 다음번 신규 회원들은 기본 자소서를 받고 전화 면접까지 봐서 자녀를 사랑하는 마음 그대로 적극적으로 활동할 수 있는 분들을 뽑기도 했어요. 동탄 아빠 모임,

---

9) 세컨하우스: 모임을 가질 수 있는 부차적인 공간을 일컫는 신조어
10) 벙개: 갑작스럽게 모이는 모임을 일컫는 신조어

동아모 자녀를 사랑하는 마음으로 만들었어요.

제가 부족한 게 정말 많지만, 많은 회원들이 자발적으로 도움을 주셨어요. 어떤 회원분은 월화수목금토일 쉬는 날 없이 일하는 아빠님도 계셨고요. 어떤 회원분은 아침 9시에서 밤 9시까지 일을 하고 또 집에 와서는 자녀와 함께 어떻게 시간을 보낼까 고민하는 분도 계셨어요.

정말 대단한 아빠님들. 일과 자녀 교육, 집안일까지 동아모를 만들고 나서 아빠들에게 정말 많은 것을 배우고 새로운 세계를 알게 되고 세계를 보는 시야도 넓어졌어요.

그리고 멋진 아빠들을 보면서 반성도 많이 하게 되었죠. 대한민국에 멋진 아빠들이 정말 많다는 것도 다시 한번 생각하게 되었어요. 전국에 동아모 특파원을 두고 나아가 세계 각국에 특파원을 두어서, 자녀들이 성장해 세계 어느 곳에 있든 간에 동아모 패밀리로 연결이 되는 그런 그림도 상상해 봐요. 동아모 복합문화공간, 아지트를 마련할 그런 날도 꿈꾸어봐요.

한 시대를 같이 살아가는 아빠라는 공통점. 함민복 시인의 시제목처럼 '모든 경계에는 꽃이 핀다'라는 시가 떠올라요. 코로나라는 시대적 상황 아래 '동아모'라는 강인한 생명력을 가진 꽃이 탄생했어요. 자녀를 건강하고 행복하게 키우는 모임. 그리고 상대의 자녀도 존중할 줄 아는 따뜻한 모임, 동아모. 뿌리가 깊은 모임 동아모는 모두가 함께 만들어요.

퇴근길 음악 담당도 있고요. 미세먼지 담당도 있고요. 커피에 진심인 분도 있고요. 레크레이션 담당, 체력 담당인 분도 계십니다. 정말 다양한 재능이 꽃을 피워요. 매일 아빠들에게 많은 것을 배우며 회원분들에게 감사하고 또 감사해요. 가끔씩 너무 힘든 날도 있지만 하루에 한 번 정도는 동아모 회원들 글을 보며 빵 터지는 즐거움도 느낀답니다. ^^

오랫동안 함께하고 싶은 '동아모' 아빠님들 오늘도 파이팅이에요. 우리들의 인연의 시작길 동아모! 많은 회원 분들이 동아모 100일도 축하해주셨어요. 다시 한번 동아모 100일을 축하해요. 여성시대에서도 100일 축하한다는 말을 듣고 싶네요. 동아모, 앞으로 오랫동안 함께하고 싶네요. 우리 아이들이 취업도 하고 결혼도 할 그날, 함께 축하해주는 그날까지 그 후까지 말이죠. 동아모, 자녀를 사랑하는 마음으로 만들었습니다. 특별히 운영 진을 맡고 계신 〈구어 김건완님, 한쓰 한세영님, 충쓰 이충렬님, 에보 이영진님, 위너 육우성님〉에게도 감사드려요.

대한민국, 아니 전세계에 있는 지구촌 모든 파파님들, 파이팅 입니다.

동아모 마크

동아모 티셔츠를 입은 아빠와 딸

동아모 티셔츠와 마크 스티커
〈동아모 마크, 동아모 디자인 담당인 미대오빠 구어님이 만듦〉

엄마들도 그 방송을 듣고 또 아빠들이 정말 자녀를 위해서 바쁜 시간을 쪼개어 활동하는 모습들을 보게 되자, 동아모를 점점 인정해 주고 이제는 응원해 주기 시작했습니다. 주말에 아빠들이 아이들과 함께 체험을 떠나면 엄마들은 휴식을 하거나 또는 함께하거나 선택을 하면 되기에 엄마들도 점점 박수와 응원을 보냅니다. 적극적으로 가족 모두가 도와주고 있습니다.

동탄 아빠 모임은 저 혼자가 아닌 개국 공신들을 비롯해 많은 분들의 선한 의지로 만들어지고 여러 과정을 거쳐 현재 2기 한쓰님, 3기 태풍님, 4기 엘제이님까지 매니저가 이어져 오고 있습니다. 조직이 성장하려면 어떻게 해야 할까요? 저는 시스템을 구축하고 여러 사람들이 돌아가면서 모임을 운영할 수 있도록 했습니다. 모두가 주인이라는 참여 의식을 갖고 모두가 운영진이라는 생각을 가지고 함께 할 때 모임은 더욱 성장할 수 있습니다.

당장 지금도 어떤 양질의 프로그램으로 동아모(동탄 아빠 모임) 행사를 개최할지 고군분투하고 있는 매니저님과 운영진분들에게 아낌없는 박수를 보냅니다.

아이를 혼자 키우는 건 쉽지 않습니다

마을이 함께하고 학교가 함께하고 기업이 함께하는 교육, 살아 있는 교육을 꿈꿉니다. 세상에 태어나 가장 잘한 일 중 하나는 바로 프랑스에서 돌아와서 동탄 아빠 모임을 만들었다는 것입니다. 초반에 이 기반을 잡기 위해 정말 많은 도움을 주셨던 회원분들에게 또 언제나 지지해주는 가족들에게 감사를 드립니다. 정말 강추(강력 추천)하고 싶은, 무료로 내 자녀에게 무한한 경험을 제공하는 방법입니다.

아빠가 주도하는 이러한 모임이 전국, 전 세계로 이어지면 얼마나 좋을까요? 현실적인 어려움으로 아직 동탄에서만 활동하지만 벌써 다른 지역에서 이러한 과정을 배우러 직접 찾아오신다는 분들이 계십니다. 정말 감사한 일입니다. 대한민국 부모님 파이팅! 지덕체로 나아가자! 이제 동탄 아빠 모임에 대해 보다 더 구체적으로 알아보도록 하겠습니다.

동아모 이영진(에보)님 가족

2.
아빠 모임의 역할은 무엇인가요?

자녀들이 건강한 사회 구성원으로 균형 있게 성장할 수 있도록, 지덕체의 조화를 갖춘 건강한 성인으로 자라게 하는 것이 목표입니다. 회원들의 무료 재능 기부 및 직업 탐색, 다양한 체험활동 프로그램 진행으로 사회성 함양, 재능 발견, 이웃과의 교류를 통한 또래 친구 형성 및 지역 유대감 형성을 할 수 있습니다.

동시대에 자녀를 키우는 아버지들 또한 정서적 공감대와 위안을 받을 수 있습니다. 아이들과 함께 자연의 소중함과 배려, 협동을 익힐 수 있는 프로그램을 통해 올바른 사회 구성원으로 성장할 수 있도록 도움을 주는 것을 목표로 삼았습니다.

동탄2 신도시는 아이들이 많은 게 최대 장점이라고 생각합니다. 현재 저출산 고령화로 인해 지역간 인구 변화 격차가 매우 큽니다. 하지만 동탄 신도시는 아이들이 정말 많습니다. 저희 모임만 해도 3명 이상 되는 가족이 많고 자녀가 4명인 가족분도 계십니다. 그리고 자녀들 교육에 관심이 많은 신도시 엄마 아빠들이 많습니다.

가입 조건은 동탄에 거주지를 두고 있고, 또 동탄에 자녀를 둔 아빠 중 자녀 교육에 진심이며 나의 자녀뿐 아닌 타인의 자녀까지 보듬어줄 수 있는 자, 그리고 무료 재능기부 및 선한 영향력을 행사하고 싶은 아빠입니다.

아빠 모임은 정보를 공유합니다. 다른 모임과 다르게 하루에 단톡 채팅 건수가 몇백 개 많게는 천여 개가 오가며 아빠들은 가족의 일상을, 그리고 자녀들의 일상을 공유합니다. 반두라의 관찰 학습처럼, 아빠들은 다른 가정의 모습을 통해서 많은 정보를 얻습니다. 심지어 어떤 음식으로 저녁을 먹는지, 아침 등교는 어떻게 하는지 등 구체적이고 자세한 생활의 면면을 함께 들여다보고 서로 응원해 줍니다.

아빠 모임은 경험을 공유합니다. 맛집부터 시작해서, 학원, 교육, 스포츠, 문화 체험 등 전 영역에 걸쳐서 아빠 모임은 경험을 공유하고 후기를 공유합니다. 생생한 이런 지역 후기들은 자녀들의 체험 학습이나 학원 선택 및 자녀들의 선택권을 늘려줍니다.

아빠 모임은 이외에도 상담과 조언을 합니다. 자녀들을 먼저 키운 선배 아빠들은 훌륭한 멘토가 되어 후배 아빠들에게 상담 및 조언을 해줍니다. 교과서에 나오는 게 아닌 실질적인 조언들은 자녀를 양육하는 데 큰 힘이 됩니다. 실제로 교육 전문가로 활동하는 분들은 이 부분에서 릴레이로 무료로 재능 나눔을 실천해 주고 계십니다. 아빠들은 자녀들의 진로 및 학교생활에 큰 도움을 받습니다. 그리고 엄마들은 이런 모임을 응원하게 됩니다. 이러한 근간은 바로 서로 다른 다양한 직업군이 모였다는 점에 있습니다. 저마다 각기 다른 전문가들이기에 자신이 미처 생각하지 못했던 부분도 발견할 수 있습니다.

아빠 모임은 다양한 행사를 조직하고 운영하며 자녀들과 함께 시간을 보낼 수 있는 기회를 제공합니다. 연 40회 이상 운영진들은 끊임없이 좋은 행사를 기획합니다. 주말이면 마을 교육 공동체로 가족들이 함께 모여 의미 있는 시간을 가집니다. 행사는 다채롭고 행사의 질도 높기에 아빠들의 참여율도 높고 아이들은 즐거워합니다. 학교에서 친구가 있지만 마을에서 아빠 모임으로 새로운 친구를 자연스럽게 사귑니다. 지역 친구 사귀기, 이것은 학년이 바뀌면 변하는 학교 체제와는 달리 지속성을 가져옵니다. 어떤 분은 아이가 태어나기도 전부터 모임에 가입해서 활동하는 분도 계십니다.

아빠 모임은 무료 나눔을 실시합니다. 책부터 시작해서 장난감 및 다양한 것들을 서로 무료로 나누어주며 따뜻한 마음을 전합니다.

  아빠 모임은 자원봉사 활동을 합니다. 지역기관과 연계하여 가족 봉사활동을 꾸준히 했습니다. 아이는 성적이 아닌 지덕체가 고루 갖춘 성인으로 성장하기 위한 밑거름을 다질 수 있습니다. 집의 화단 꾸미기를 넘어서 마을 화단 꾸미기를 시작합니다. 지역과 마을의 유대감을 높이고, 아이들은 봉사를 통해서 아름다운 사회를 만들어 가는 건강한 구성원으로 성장하는 기틀을 다집니다.

  아빠 모임은 새로운 친구를 만들어줍니다. 비단 아이들뿐만 아니라 아빠나 엄마들도 친구로 만들어줍니다. 아빠 모임이 유지가 되는 이유는 무엇일까요? 이유는 너무도 간단합니다. 재밌기 때문입니다. 그리고 도움이 되기 때문입니다. 아빠 모임은 서로가 노력하고 서로가 서로를 도와주려는 마음이 강합니다. 그래서 아빠 모임은 유지가 됩니다. 주말에 아빠들이 서로 만난다는 사실에, 아빠들은 언제나 이렇게 이야기합니다.

"일단 만납시다. 만나면 재밌으니까요."

다른 모임과 다른 점은 자녀들과 함께 만난다는 점입니다. 그것도 몇십 명씩 대규모로 만나는 경우가 많습니다.

아빠 모임에서는 마을이 함께 아이들을 키웁니다. 그리고 자녀들의 좋은 소식에는 같이 기뻐해 주고 슬픈 소식에는 함께 슬픔을 나눕니다. 올해에는 자녀들의 생일까지 다이소 쿠폰으로 챙겨주며 함께 생일을 축하해주고 있습니다.

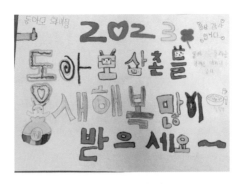

동아모 에보님 딸 현주의 삼촌 챙기기

이외에도 정말 다양한 부분을 아빠 모임이 담당하고 있습니다. 희소성이 강한 이런 아빠 모임은 평상시 쉽게 해볼 수 없는 다양한 체험의 장을 만들어줍니다.

부모님이 100명이라면 어떤 현상이 생길까요?

아이들은 모든 아빠들의 응원을 받으며 크게 자라납니다.

동아모 이홍재(후찌)님 가족

3.
아빠 모임 활동에는
어떤 것들이 있나요?

동탄 아빠 모임은 그럼 그동안 어떤 프로그램들을 했을까? 표를 통해 정리해 보았습니다.

동아모의 역사

21년 09월	동아모(자녀를 사랑하는 마음으로 만듦)
21년 10월	재능나눔 원데이 클래스
21년 11월	천안 농촌 세컨하우스 항아리 바베큐
21년 11월	아빠, 아내, 자녀 가족들 공통 취미, 관심사 모음
21년 11월	재능나눔 원데이 클래스

21년 11월	춘천 온라인 인증 마라톤 참가
21년 11월	크리스마스 이벤트 안녕, 반가워
21년 12월	동아모 100일 양희은, 서경석 여성시대 방송(쌀뉘사연)
21년 12월	동아모 선한영향력 프로젝트 L(러브레터 쓰기)
21년 12월	동아모 선한영향력 프로젝트 P(신년 계획 공유)
21년 12월	동아모 선한영향력 프로젝트 C(아빠랑 등산 가자)
22년 1월	동아모 선한영향력 프로젝트 CC(커피마시며 육아 이야기)
22년 2월	재능나눔 베이킹 체험
22년 3월	동아모 200일 축하 이벤트
22년 3월	동아모 소모임방 개설(운동, 독서, 캠핑, 재테크)
22년 5월	어린이날 미니 운동회
22년 5월	쓰레기 줍깅 가족봉사
22년 6월	청계 목장 체험
22년 7월	동탄 아빠 모임 제1회 여름 캠핑
22년 8월	광복절 마라톤
22년 8월	안젤리 미술관 물총 물감 놀이
22년 9월	아빠랑 백패킹 가자

22년 10월	북적북적 북토크
22년 10월	가족 플로깅과 교촌치킨
22년 10월	가을 체육대회
22년 10월	장애인식개선 마라톤 참가
22년 11월	동탄 아빠 모임 단체 티셔츠 제작
22년 11월	아빠랑 등산 가자
22년 12월	동아모 300일 양희은, 서경석 여성시대 방송(쌀뛰사연)
23년 1월	재능나눔 원데이 클래스
23년 1월	글로벌 기업 체험
23년 1월	재능나눔 스케이트, 인라인 강습
23년 2월	아빠와 아이들 겨울 실내 체육대회
23년 2월	설날 인증 이벤트
23년 3월	화성 시티투어 ATV 서바이벌 체험
23년 3월	삼일절 가족 마라톤 참가
23년 4월	치동천 사회복지관 탄탄대로 가족봉사
23년 4월	에어쇼 모형 비행기 날리기 체험 참가
23년 4월	동아모 여름 봄캠핑
23년 4월	괴산 캠핑 가자

23년 5월	장애인식 개선 마라톤 참가
23년 5월	치동천 사회복지관 탄탄대로 가족봉사
23년 5월	현대 자동차 기업 탐방
23년 5월	장애인식 개선 마라톤 캠페인 참가
23년 6월	치동천 사회복지관 탄탄대로 가족봉사
23년 7월	동아모 여름캠핑
23년 7월	치동천 사회복지관 탄탄대로 가족봉사
23년 7월	옹알스 뮤지컬 단체관람
23년 8월	쌀뤼쌤 제자 숏폿 크리에이터 미인쌤의 재능나눔
23년 8월	치동천 사회복지관 탄탄대로 가족봉사
23년 8월	광복절 태극기 인증 이벤트
23년 8월	치동천 사회복지관 교촌치킨 나눔 이벤트
23년 9월	치동천 사회복지관 탄탄대로 가족봉사
23년 9월	동탄 아빠 모임 대형 깃발 제작
23년 9월	자녀와 함께하는 백패킹 체험
23년 10월	화성시 효 마라톤 대회 가족 참가
23년 10월	치동천 사회복지관 탄탄대로 가족봉사
23년 10월	동탄 아빠 모임 가을 체육대회

23년 11월	치동천 사회복지관 탄탄대로 가족봉사
23년 12월	자녀와 함께하는 마술 공연 체험
24년 1월	부모 특강 교육 변화하는 사회 속 내 자녀 키우기
24년 1월	아이들의 미래를 위한 아빠와 자녀들 에듀테크 체험
24년 2월	자녀와 함께하는 내 아이 지능, 적성 진로 탐색 프로그램
24년 2월	수원 화성 역사 문화 체험
24년 3월	프로 농구 경기 단체 관람 스포츠 체험
24년 3월	안보교육 평택 수호관 견학

활동 사진 모음

백패킹 대장 동아모 신용만(에릭센)님의 자녀와 함께하는 백패킹 체험

동탄 아빠 모임 화성 효 마라톤 단체 참가, 기수는 이충렬(충쓰)님

동탄 아빠 모임 깃발

나는 프랑스 교육으로 아이를 키우기로 결정했다

자녀와 함께하는 해루질 체험

동탄 아빠 모임 깃발

건강한 신체, 건강한 마음의 조화 지덕체로 마라톤 대회 가족 단체 참가

자연과 함께하기, 아빠와 아들딸이 함께하는 백패킹 체험

왜 아이들에게 다양한 체험 학습이 필요할까요?

다양한 체험 학습은 아이들에게 꿈과 끼를 발견할 수 있는 기회의 장을 제공합니다. 아이들은 매일 보는 사람이 아닌 전혀 다른 공간과 전혀 다른 세계의 사람들을 만나게 되며, 다양한 체험을 통해 새로운 경험을 하게 됩니다. 이를 통해 아이들의 생각의 방을 거대하게 확장시켜 줍니다.

아이들에게 동기 부여를 해주고 문제 해결력도 강화시켜 줍니다. 생활에서 부딪혀보는 실제 사례를 통해 아이들은 지식이 아닌 직접 경험으로 실용적인 기술도 익히게 됩니다.

다양한 체험 학습은 아이들에게 협업과 소통 능력도 향상시켜 줍니다. 이게 너무도 좋은 점은 같은 또래뿐만 아니라 어른들과 함께하는 모임이기에 예절까지 배울 수 있다는 겁니다. 미리 사회생활을 간접 체험하는 기회이기에 아이들은 사람을 만날 때 어떻게 행동해야 하는지, 아주 기본적인 것부터 자연스럽게 학습하게 됩니다.

다양한 체험 학습은 삶을 주도적으로 살게 하는 자기 주도적 학습 능력을 강화시키고 창의적 사고와 창의성도 발휘시켜 줍니다. 그리고 위에서 보듯이 아빠와 함께하는 백패킹, 아빠와 함께하는 등산 프로그램, 아빠와 함께하는 마라톤 참가 등은 건강한 체력, 건강한 마음의 조화인 지덕체로를 더불어 갖추게 만들어줍니다.

동탄 아빠 모임 장애 인식 개선 기부 마라톤 캠페인 참가

자연환경과 생태 보호 프로그램을 통해 함께 살아가는 사회 속에서 지구인으로 우리가 해야 할 역할이 무엇인지도 몸소 깨닫게 되고 다양한 액티비티 프로그램으로 도전과 성취감도 가질 수 있습니다.

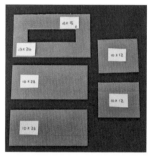

친환경 프로젝트 주말 가족 봉사
조석동(썰조)님 가족

친환경 프로젝트 주말 가족 봉사
체험단 활동 화성시 치동천
사회복지관

　다양한 역사 프로그램을 통해 역사적인 전통 체험으로 우리나라의 역사를 올바로 이해할 수 있는 계기를 마련하며, 다양한 직업군을 가진 아빠들을 보며 직업인 체험도 상시 할 수 있습니다.

아빠 모임은 이렇게 종합적으로 아이들에게 많은 장점을 안겨줍니다. 세상을 풍요롭게 살게 하는 문화 예술 체험, 그리고 파자마 파티 등도 아이들에게 소중한 추억을 선물해 줍니다.

무엇보다 아빠 모임의 이런 체험이 좋은 이유는 다 무료로 이어지는 재능 나눔 릴레이라는 점에 있습니다. 제 자녀의 경우, 골프도 아빠 모임에서 배울 수 있었습니다. 크리스마스 때는 서로에게 편지와 선물도 교환하고 명절 때가 되면 명절 이벤트 등을 통해서 한국이 가지고 있는 고유한 문화적 특성도 함께 배우고 실천하게 됩니다.

자녀들을 위한 프로그램뿐 아니라 아내에게 러브레터를 쓰는 프로젝트도 하는 등 가족 중심의 다양한 프로그램을 진행합니다. 베이킹도 배우고 자체 체육 대회, 독서 콘서트 등 종합적인 프로그램이 셀 수 없이 많습니다.

아까도 말했듯이 이 모든 행사가 이어질 수 있는 건,

순수한 목적으로 다 같이 만났으며 서로를 위해 즐겁게 일하기 때문입니다. 그리고 신기한 건 아빠들은 자신의 본캐 이외에도 각자 자신만의 재능을 가지고 있고, 그 재능들을 아낌없이 풀어주신다는 겁니다. 인라인 재능, 자전거 재능, 농구 재능, 축구 재능, 인문학 재능, 영어 재능, 수영 재능, 경제 재능, 캠핑 재능, 음식 재능 등 끝도 없습니다.

재능 나눔 릴레이는 오늘도 진행 중입니다.

4.

아빠 모임이 효과가 있나요?

아빠 모임은 가족들, 아내들이 응원하는 모임으로 성장했으며 지금도 성장 중입니다. 보통 육아와 교육으로 지치고 힘든 점이 많은데 아빠 모임은 가족들을 휴식하게 할 수 있는 모임입니다. 그리고 타인의 자녀 교육 방법과 삶의 모습을 통해 선한 영향력을 주고받게 되고, 서로 응원해주고 격려해주는 이웃 가족들의 역할로 삶이 든든해질 수 있습니다.

또한 동탄 아빠 모임은 열정을 가진 아빠들로 구성된 비영리 자발적 모임이기 때문에 그 어느 모임보다 구성원 간 결속성이 강합니다. 자녀를 키우는 데 고민 상담소 역할 및 진로 탐색 역할, 두 마리 토끼를 동시에 그것도 상시 실시간으로 할 수 있는 장점이 있습니다. 근거리에 거주하는 모임 특성상 수시로 만나서 재능 기부를 받을 수 있으며 정보의 신속성과 정확성 및 다양한 직업군이 있어 원하는 분야의 진로 탐색을 보다 현장감 있게 구체적으로 경험할 수 있습니다.

또 내실 있는 프로그램을 기획하기 위해 프로그램별 자체 만족도 조사로 자체 피드백을 실시하고 있어 점점 더 수준 높은 프로그램으로 진행되므로 질이 높습니다. 구성원이 1인 1역할을 가지고 있어 모두가 함께 참여하며 모두가 주체적인 구성원으로 매일 활동에 참여합니다. 때문이 비영리 자발적인 아빠 모임이지만 주인 의식 및 모임에 대한 자부심이 강합니다.

또한 연간 스케줄이 계획되어 있어 체계적인 프로그램 시스템이 마련되어 있습니다. 자녀의 다양한 직업군 진로 탐색 및 취미 계발 등 자기 발견 기회를 제공하고 무료 재능기부를 통한 선한 영향력을 나눕니다.

연계 지속성, 자발성, 상시성 이게 바로 지역 아빠 모임의 가장 큰 장점이라 생각합니다. 최근 이런 모임 활성화를 보고 다른 지역에서 비슷한 형태로 모임을 만들고 싶다고 찾아오신 분도 있으셨습니다.

다양한 직업군이 만난 아빠 모임은 엄청난 효과를 가져올 수 있었습니다.

아이들은 직업의 다양성을 인식했습니다. 그전까지는 학교와 가정에서 또는 학원에서 보는 직업군이 다였지만 실제로 접하는 직업군이 다양하니 새로운 직업에 대해서 현실적으로 이해하게 되었습니다. 더불어 아빠들이 실제 직업 체험 이야기를 들려주니, 아이들은 현실적으로 직업에 대해 잘 알게 되었습니다.

직업에 대한 조언도 듣게 되고, 직업과 가정생활에서

각자 어떻게 생활하는지를 보고 느끼게 되어 아빠들은 아빠 모임에 들어오고 나서 더 좋은 남편, 더 좋은 아빠가 되었다고 말하곤 합니다. 다양한 직업이 모이게 되므로 아이디어가 샘솟습니다. 다양한 분야의 아이디어가 피어나고 다양한 전문적 지식은 실제적으로 어떤 문제가 생겼을 때 도움을 주기도 합니다.

실제로 아빠 모임과 협약을 해서 인근 타이어 업체에 할인을 받기도 하는 등 실질적인 부분에서도 자연스럽게 도움을 받기도 합니다. 나아가 다양한 네트워킹으로 자녀들뿐만 아니라 부모들의 정보 교류도 활발합니다. 특히 어떤 문제가 터졌을 때 아빠 모임에 자녀 교육 관련 문제를 털어놓으면 너나 할 것 없이 서로 도움을 주려고 하기 때문에 공동으로 문제를 슬기롭게 해결할 수도 있습니다. 열심히 사는 회원들을 보며 자기 계발의 기회를 잡기도 하고 동기 부여를 주고받기도 합니다.

그리고 아빠들이 근거리에 산다는 장점 때문에 거창한

계획을 세우지 않아도, 오랜 준비 기간을 거치지 않더라도 수시로 교류할 수 있고 도움을 받을 수 있다는 장점이 있습니다. 또한, 일회성이 아니라 연속적으로 이런 기회를 제공받고 함께 할 수 있다는 점도 장점입니다.

아이들의 입학식을 다함께 축하해주며, 아이들의 졸업을 다 함께 축하해주며, 마을 가족은 그렇게 따뜻하게 하루하루 켜켜이 쌓여갑니다.

동아모 이경민(태풍)님 가족

5.
아빠 모임, 자녀들은
유아 저학년만 해당하나요?

아빠 모임을 하다 보니 어느덧 횟수로 3년이 되었습니다. 초등학생이었던 아이는 중학생이 되고 또 회원 중에는 고등학생 자녀를 가진 분도 있습니다. 유·초·중·고를 위한 통합 프로그램은 없을까?

아빠 모임을 하면서 이런 것들을 고민했습니다. 그래서 초·중·고를 함께 할 수 있는 프로그램 또는 고학년을 위한 프로그램을 만들기 시작했습니다.

이전에는 항상 체험 위주의 아이와 함께하는 프로그램

이었다면, 이제는 부모 특강도 열게 되었습니다. 아빠 혹은 엄마만이 아닌 아빠와 엄마가 함께 부모 특강도 듣고 자녀 교육에 대해서 진지하게 생각해 보는 시간을 가지게 되었습니다.

실제 진로 진학의 부모 특강을 보면 부모님의 뜨거운 관심을 파악할 수 있었습니다. 그리고 나아가 고학년 학생들을 위한 프로그램도 마련했습니다.

동아모와는 별개지만 제가 만든 진로 모임이 그것입니다. 진로 모임은 자녀, 또는 본인의 자기 계발, 미래 교육, 창업에 관심 있는 분들이 모여서 발표를 하고 심도 있게 이를 토론하며 이야기를 나누는 모임입니다.

진로 진학 상담대학원, 창업대학원에 다니시는 분들도 있고 다양한 직업군이 모여 있습니다. 경기도 각 지역에서 모인 분들로 모임이 이루어지고 있습니다. 공교육 선생님들의 모임이나 사교육 하시는 분들의 모임, 또는 기업가들의 모임, 이런 각 분야의 전문가를 통합하고 싶었습니다.

선생님들은 실제 기업 현장에 계시는 기업 전문가들의 생생한 현재 이야기를 듣고 또 기업에 계시는 분들, 자영업 하시는 분들은 학교 선생님들에게 실제적이고 보다 구체적인 학교 이야기를 듣는, 서로가 상생할 수 있는 모임을 만들고 싶었습니다. 사실 학부모님들이 자녀에 대해서 학교 선생님과 상담을 1년에 몇 번 할 수 있을까요? 좀 더 거리를 좁혀서 재능 나눔을 하고, 또 실제 기업들이 어떻게 인재를 뽑는지 선생님들도 트렌드를 배울 수 있으며 자녀들의 진로에 대해서도 탐색해볼 수 있게끔, 좋은 의도로 만들었습니다.

진로 모임은 현재 소수로만 운영하고 있습니다. 노력은 하는데 방법을 모른다면 올바른 길로 가기가 힘이 듭니다. 등산할 때 길을 잘못 들면 정말 엄청난 고생을 해야 하는 것과 같습니다. 진로 모임은 토론을 통해 깊고

넓은 사고를 하고, 생생한 현장의 이야기를 들을 수 있는 모임이 되었습니다. 또 선생님들과 기업가들이 모여 생생한 정보 나눔, 재능 나눔을 하는 이런 모임이 가치가 있음을 강의를 들으신 많은 분들이 알찬 후기로 남겨주셨습니다. 후기를 보니 진실성이 느껴져서 보람도 되고 뿌듯합니다.

진로 모임의 강의 주제는 회원들이 돌아가면서 선정하고, 또 가끔은 특별 게스트를 초청해 이루어집니다. 금요일 저녁 시간임에도 불구하고 본인과 자녀의 진로를 위해 열심히 참여해 주시는 분들을 보면 정말 대단하단 생각이 듭니다. 선생님과 학부모의 거리를 좁히고 선생님과 마을의 거리를 좁히고 함께 상생할 수 있는 그런 선한 영향력을 끼치는 모임, 동탄 아빠 모임에 이은 진로 모임입니다.

어떠한 모임도 완벽할 수는 없습니다. 아빠 모임은 아빠 모임대로 많은 강점이 있고, 진로 모임은 조금 더 고학년의 자녀를 둔 학부모라면 필수라고 생각합니다. 한 아이를 키우기 위해선 연령별로 적절한 부모의 안내가 필요한데, 저는 후회를 최소한으로 줄이고 싶었습니다. 그래서 만든 게 바로 진로 모임입니다. 중요한 결정을 해야 하는 순간에 내가 알지 못하는 정보로 아이에게 적절하게 도움을 주지 못한다면 크게 후회할 거라고 생각했기 때문입니다.

기업가들과 함께하는 진로 모임은 실제적인 정보를 공유하고, 전문가의 조언을 받는 기회를 얻으며, 업계 동향을 파악하고 자녀의 관심사와 진로를 어떻게 연결할지 심층 토론을 합니다. 물론 책이나 미디어들로 여러 정보를 얻을 수도 있지만 실제 대면해서, 상호 토론을 통해서 생생한 이야기를 나누는 것은 분명 질적인 측면에서 큰 차이가 있습니다.

아이들에게 다양한 정보와 적절한 안내를 해주는 일, 가장 가까이에 있는 부모가 해줘야 할 일입니다.

4부

체험
학습으로
크는 아이,
아빠 육아
필살기
12가지

1.
뽑기판 활용

먼저 뽑기판을 활용하는 겁니다. 아이들에게 집안이 오락실이 되게 만들어주는 일. 재미있고 의미 있는 교육을 추구합니다.

뽑기판은 인터넷에서 쉽게 구할 수 있고 주간 또는 월간으로 아이들에게 상품을 줄 때 유용하게 활용할 수 있습니다. 뭐가 나올지 모르는 뽑기의 재미와 상품까지 얻게 되므로 집에서 활용하기 좋아 추천합니다.

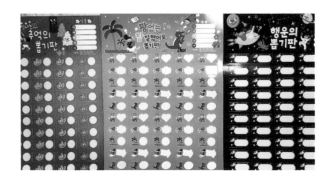

추억의 '행운의 뽑기판'

2.
연말 가족 시상식

　크리스마스나 생일 또는 연말에 아빠 엄마가 상장 용지에 직접 상을 주는 건 어떨까요? 요즘에는 미리캔버스나 캔바 같은 다양한 카드 뉴스 제작 사이트들이 많아서 상장을 제작하는 데 아주 작은 시간이면 충분합니다. 아빠 엄마가 직접 문구를 작성해서 자녀들을 칭찬하고 거기에 더해 선물까지 준다면 자녀들은 해마다 그 상장들을 모으고, 나중엔 아름다운 추억이 되어 성장의 밑거름으로 남게 될 것입니다. 자녀들에게 꼭 부모님이 직접 만든 상장을 줘보라고 제안 드리고 싶습니다.

노력상

- 김 수 찬 -

위 사람은 2021년 한 해,
코로나로 어려운 환경에도 불구하고
골프 연습과 축구 연습 등 건강한
신체를 만들기 위해 꾸준히
노력하였으며 프랑스어 공부를
꾸준히하고 재활용 쓰레기 및
음식물 쓰레기, 설거지 담당으로
집안일을 돕고 요리 연습 또한
열심히 하였으므로 그 노력에
이 상을 드립니다.

2021년 12월 24일

아빠 엄마 일동

성실상

- 김 수 연 -

위 사람은 2021년 한 해,
코로나로 어려운 환경에도 불구하고
설거지 및 분리수거 담당으로
집안일을 도왔으며
바이올린, 프랑스어, 영어, 스페인어,
댄스, 그림 그리기 연습등을 성실한
모습으로 꾸준히 하였고 앵무새를
사랑으로 잘 돌보았기에
이 상을 드립니다.

2021년 12월 24일

아빠 엄마 일동

크리스마스날 자녀에게 상장 주기

3.

가족 독서 모임

　가족 독서 모임은 어렵게 생각하지 않으면 언제든 바로 실행할 수 있는 것입니다. 일주일에 한 번 독서 모임하는 시간을 정합니다. 그리고 일주일간 꼭 한 권 이상의 책을 읽는 것을 서로의 약속으로 합니다. 여기서 중요한 것은 꼭 한 권을 다 읽어야만 책 한 권을 다 읽었다고 하지 않는 것입니다. 일부분만 읽었다 하더라도 충분히 자신이 읽었던 부분에 대해 자신의 생각과 느낌을 글로 적고 발표할 수 있습니다.

　그런 다음 돌아가면서 사회자가 되어 책을 읽고 느낀

점을 나눕니다. 한 사람씩 돌아가면서 발표하는데, 한 사람의 발표가 끝났을 때, 다른 가족 구성원들이 발표자에게 질문을 하고, 또 발표자 또한 다른 가족 구성원들에게 책을 읽고 묻고 싶었던 질문을 물어봅니다. 이렇게 한 시간 정도 독서 대화를 하는 가족 습관을 만들면 아이들은 글쓰기와 말하기 연습을 동시에 할 수 있고, 부모님은 자녀들이 어떤 생각을 하는지, 어떤 관심사가 있는지 대화를 통해 파악할 수 있습니다.

여기서 다시 한번 강조할 점은 책의 완독을 강요하지 말라는 것입니다. 그리고 흔히 말하는 권장 도서나 추천 도서를 권하지 않는 게 좋습니다. 본인이 좋아하는 책, 그리고 한 문장을 읽었다 하더라도 그 문장에서 본인이 많은 이야기들을 풀어낼 수 있으면 그것 또한 괜찮습니다.

조매꾸 금빛 문장 찾기. 책에서 금빛 문장을 발표하고 나아가 그것을 아이들만이 가진 감각으로 독후감 시로 쓰게 하는 겁니다. 추가로 이를 시화까지 만들어내는 것으로 연결할 수도 있습니다. 나아가 그것들을 노래로까지 만들 수 있습니다. 그것들을 쌓아서 나중에 원고로 투고한 후 가족만의 독서 책을 만들어 놓으면 얼마나 뿌듯할까요? 가족 독서 모임을 추천합니다.

가족 독서 모임, 질문하고 토론하고 하부르타 주말 독서 시간

4.
박물관 방학 특강

　방학이 되면 꼭 한국사 방학 특강, 과학관 방학 특강, 문화 유적지 투어, 미술관 체험 등 체험을 해보라고 권하고 싶습니다. 예약은 필수입니다. 사실 요즘 프로그램이 너무 잘 나와서 아이를 해당 장소에 데려다주면 전문 강사가 직접 재미있는 미션 챌린지로 수업도 해주고 퀴즈도 주고 선물도 줍니다. 부모님이 해야 할 것은 사전에 또 사후에 관련 지식을 학습할 수 있도록 영화를 보거나 책을 보거나 함께 이야기를 나누는 것이면 족합니다. 박물관이야말로 살아있는 교과서이기에 과학관, 박물관, 미술관 등 다양한 곳을 자녀와 함께 스탬프 찍듯이 체험

해보는 것을 추천합니다.

방학 한국사 특강

5.
가족 캠핑과 어드벤처

어릴 때부터 아이를 산에 데리고 가거나 어릴 때부터 가족 캠핑을 해본 아이들은 남다릅니다. 자연을 벗 삼아 호연지기를 기르고 더 큰 꿈을 꿀 수 있으며 체력 또한 기를 수 있습니다. 사실 아이들은 어느 정도 크고 나면 부모님을 따라다니지 않습니다. 따라서 적절한 시기부터 부모와 아이가 숲속 체험, 캠핑, 등산 등을 자연스럽게 함께한다면 아이는 스스로 그 즐거움을 깨닫게 될 것입니다. 아이는 부모와의 함께한 20년간의 생활로 평생 부모님을 기억할 수 있습니다. 그러니 어릴 적 자연에서 최대한 많은 시간을 아이와 함께 보내라고 추천하고 싶습니다.

동아모 이영진(에보)님 가족 캠핑 사진

6.
가족 마라톤 대회 출전

　가족 마라톤 대회야말로 가장 추천하는 것입니다. 사실 마라톤 대회라고 하면 두려움이 있는 분들이 많습니다. 하지만 실제로 5킬로 마라톤 대회에 나가보면 걷는 분들이 엄청 많습니다. 가족들이 함께 걷는 것부터 시작해서 함께 뛰기를 시작하는 것을 추천합니다. 그리고 러닝 대회를 나가보면 정말 건강한 기운이 온 세상을 뒤덮는 듯한 느낌을 받게 됩니다. 러닝 페스티발에 참가하여 아이들과 함께 건강의 중요성을 다시금 인식하며, 멘탈도 기르고 체력도 기를 수 있는 가족 마라톤 대회 참가를 추천합니다.

특히 완주 후, 메달을 받고 간식을 받는 즐거움을 느낀다면 아이들은 성취감을 느낄 것입니다. 가족 공통의 취미로 만들어 보세요.

주말마다 가족과 함께 러닝하기

7.
전국 학교 탐방

아이들은 자신이 진학하고 싶은 학교를 직접 알아봐야 한다고 생각합니다. 그런데 안타깝게도 본인이 들어갈 학교 건물도 가보지 않은 채 학교를 결정하는 아이들을 참 많이 봤습니다. 시간이 될 때마다 아이들과 함께 중학교, 고등학교, 대학교 탐방을 가보라고 권하고 싶습니다. 요즘엔 학교 탐방 프로그램이 워낙 잘 되어있고, 정말 멋진 학교 건물과 시설을 보는 것만으로도 아이들에겐 동기 부여가 될 수 있습니다. 전국에 다양한 학교가 있다는 것을 아이들에게 직접 눈으로 보고 느끼게 해주세요.

자녀와 학교 탐방하기

8.
전국 도서관 탐방

　지역에 갈 때마다 그 지역에서 멋진 도서관을 찾아보
세요. 때론 독립 도서관에서, 때론 대형 도서관에서 아이
들과 함께 공부하는 시간을 가져봅니다. 도서관에 자주
가게 되면 아이들은 편안함을 느끼고 다음 여행을 스스
로 계획할 때도 도서관이나 북카페 또는 나아가서 북스
테이(하루 종일 책을 읽는 것)를 잡아서 독서하고 글 쓰
고 공부하는 재미를 찾을 것입니다. 부모님이 환경을 만
들어주는 일은 무엇보다 중요합니다.

자녀와 함께 도서관 탐방하기

9.
어린이 플리마켓 참여

아이들의 경제 교육은 어떻게 해야 할까요? 정말 많은 방법들이 있지만 집안의 물건들을 정리하며 직접 판매자가 되어보는 마을 플리마켓에 아이들을 참여시켜 보세요. 실제로 물건을 사고파는 이러한 과정을 통해 아이들은 크게 성장할 것입니다. 실제로 제가 아이들과 체험했을 때, 아이들 중에서 딱지 거상이 있더군요. 엄청난 재능을 보이는 어린이 친구도 만날 수 있었습니다. 가족 플리마켓 참여도 추천합니다.

자녀와 함께 플리마켓 참여하기

10.
텃밭 가꾸기

아이들과 어릴 때 해볼 수 있는 가장 기본적인 것으로
텃밭 가꾸기를 추천합니다. 인근 지역의 텃밭을 분양받
아 1년간이라도 꾸준하게 아이들과 함께 텃밭을 가꾸어
보세요. 내가 직접 물을 준 상추로 고기를 싸 먹으며 자
연환경에 대해서, 흙에 대해서, 노동에 대해서, 많은 것
을 느낄 수 있는 체험이기에 추천합니다.

자녀와 함께 텃밭 가꾸기

11.
문화 공연 함께하기

저는 개인적으로 거의 모든 운동을 좋아해서 자녀들과 다양한 스포츠 직관을 했으며, 연극과 뮤지컬 등 다양한 공연 역시 아이들과 함께했습니다. 때로는 교과서보다 한 편의 연극이, 뮤지컬이 아이들의 마음을 움직일 수 있습니다. 한 편의 책보다 때로는 콘서트가 아이들의 심장을 뜨겁게 달굴 수 있습니다. 그리고 주말마다 아이들과 영화 한 편 또는 드라마 한 편을 같이 보는 것, 이것 또한 강력 추천합니다.

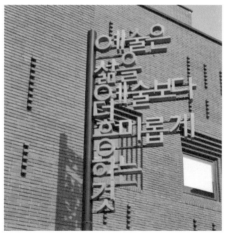

자녀와 함께 문화 공연 관람하기

12.
해외 체험 학습

견문을 넓혀야 한다는 말은 아마도 수없이 들었을 것입니다. 국내뿐 아니라 해외 체험 학습도 강력 추천합니다. 단 국내 여행부터 본인이 스스로 여행 계획을 짜는 것, 예산을 세우는 것부터 연습시켜서 국내에서 몇 단계 미션을 끝낸 후 해외 체험 학습 계획까지 부모와 함께 계획하고 짜는 것을 추천합니다. 그리고 체험 학습을 다녀오면 반드시 글이든 영상이든 음악이든 콘텐츠로 만들어서 가족 저장소에 켜켜이 쌓아놓는 것을 추천합니다. 나중에 가야지, 나중에 가야지, 할 수도 있지만 지금 떠나지 않으면 기회는 다시 오지 않을지도 모릅니다.

자녀와 함께 해외 탐방하기

동아모 이준호(에루)님 가족

자녀 미래 교육
어떻게 해야 할까요?

세계는 빠르게 변하고 있습니다. 중요한 건 부모의 방향 설정과 태도입니다. 부모는 자녀의 가장 큰 스승이자 선생님이기 때문입니다. 자녀와의 대화를 통해 어떤 방향으로 나아갈지, 어떤 목표를 향해 함께 성장해 나갈지를 정하는 것은 중요합니다.

인생의 수많은 선택들, 그 선택들을 어릴 때부터 해보며 스스로 판단하고 스스로 경험하고, 스스로 좌절도 하고 성공도 해보며 깨닫는 지혜를 통해 아이들은 자신만의 삶의 지도를 그려 나갈 수 있습니다. 인생에서 처음으로 엄마 아빠가 된 우리 부모들의 바람직한 역할은 무엇일까요?

바로 문제 해결력과 적응력을 키워주는 일, 세상의 변화에서 자신의 중심을 잡고, 자신이 가치 있다고 믿는 것에 몰입하는 힘을 키워주는 일, 그 안내자가 되어주는 일입니다. 가장 중요한 건 혼자 키우려 하지 말고 이웃과 함께, 즉 선배들의 말에 귀 기울이고 후배들의 말에도 귀 기울여 키우려는 태도라고 생각합니다. 그러기 위해선 부모가 공부해야 합니다. 관찰해야 합니다.

그리고 무엇보다도 중요한 건 자녀와의 따뜻한 관계입니다. 최고의 조력자, 최고의 서포터즈라는 믿음을 자녀들에게 주어야 합니다. 왜 한국의 아이들은 스트레스가 많을까요? 사회적 기대 이전에 가족들에게 받은 기대가 너무 커서 그런 건 아닐까요? 아이를 있는 그대로 바라봐주어야 하며, 존재 자체로 감사함과 행복을 느끼게 해주어야 합니다. 가족만이 줄 수 있는 가장 따뜻한 격려가 필요합니다.

세상의 많은 부모님들은 어떻게 자녀 교육을 해야 할까? 고민하고 또 고민하고 계십니다. 프랑스에 갔다 오지 않았더라면, 그들의 삶의 모습을 보지 못했더라면, 저는 프랑스 교육법을 몰랐을 것입니다. 실제 삶의 현장에서 부대끼고 그들과 같이 생활하면서 어떻게 자녀들을 대하고 어떤 태도로 자녀 교육에 임하는지 살펴보며 많은 것을 보고 느꼈습니다.

자녀에겐 자녀의 인생이 있고, 부모에겐 부모로서의 인생이 있다는 것. 우리는 하나의 인격체로 각자의 삶을 멋지게 그려 나가면 된다는 것. 힘들 때 서로 조력자가 되어 따뜻한 지지를 보낼 수 있지만 무조건 상대방을 돕는 일이 다 좋은 것만은 아니라는 것. 이 모든 것의 기반은 서로를 진심으로 존중하는 태도에 있다고 생각합니다.

언제나 응원하는 입장에서 가장 뜨거운 격려의 박수를

자녀들에게 보내줄 수 있지만 결국 바람이 불고 슬럼프가 왔을 때 그걸 넘어서야 하는 사람은 자녀들 본인입니다. 그러한 순간에 회복탄력성으로 강인하게 일어설 수 있도록 미리 교육하는 것, 그리고 세상을 아름답게 바라보며 가치 있는 일에, 좋아하는 일에 즐겁게 일할 수 있는 행복을 맛보게 해주는 것. 부모가 해야 할 역할들은 참으로 많습니다.

언젠가 세월이 흘러 아이들이 다 큰 성인이 되었을 때 마라톤 대회에서 함께 뛰는 모습을 상상해 봅니다. 강인한 멘탈과 체력, 건강한 열정의 무대로 아이들을 초대하고 싶습니다. 지금 이 순간에도 최선을 다하며 자녀 교육에 임하는 세상 모든 부모님에게 이 책이 조금이나마 도움이 되었으면 합니다.

자녀를 양육하면서 아빠 모임은 삶의 중심이자 큰 힘이 되었습니다. 혼자 하지 않고 함께하기. 세상에는 정말 순수하고 멋진 분들이 많다는 것을 깨달았습니다. 지금

이 순간에도 자녀 교육을 위해 최선을 다하시는 아빠 모임 분들께 많이 배우며 함께 성장하고 있습니다. 이런 멋진 분들과 함께한다는 사실에 감사함을 느낍니다.

조매꾸, 조금씩 매일 꾸준히. 지덕체로, 건강한 신체와 건강한 마음의 조화. 꿈꾸고 달리며 배우고 글 쓰는 조매꾸 꿈런쌤의 프랑스 교육법과 마을 아빠 모임의 자녀 교육 이야기였습니다. 세상의 모든 부모님을 응원합니다.